JN065198

天河りんご
の
運命石占い

天河りんご

プロローグ

石のエネルギーを味方につける「運命石占い」

◆ 己の宿命を知り、運命を切り開く

「運命は決まっているのでしょうか？」

日々多くの人たちを鑑定している中で、とてもよく聞かれることです。

私の答えは「YES」でも「NO」でもあります。

人の生は持って生まれた「宿命」によって、ある程度決まっています。

宿命には色々なものが含まれますが、「性格」もその一つ。

考え方の癖、行動パターン、向いている仕事、恋愛・結婚や人間関係のあり方など、持って生まれた性格によって、ある程度決定づけられている部分はどうしようもなく存在します。もちろん努力して性格を変えることも可能ですが、根本的な資質は変えようがありません。

では、人の生は持って生まれた宿命だけに左右されるのかというと、そうではないのです。人の生には、「運命」も大きく関わっており、そして運命とは、自分の力で切り開くもの。言い換えれば自分の宿命的な性格の傾向を理解したうえで、いかに生きるか、そこで運命は決するということです。

実はもう一つ、よく聞かれることがあります。

「同じ生年月日の人はまったく同じ宿命なのでしょうか?」

これについては、答えは「NO」です。

たとえば双子が同じ生年月日なのに性格はまったく違うというのはめずらしいことではありません。その違いは「環境」の違いによって生じます。

同じ親のもとで、仮に一人は姉として育てられ、もう一人は妹として育てられ、一人は大学へ、もう一人は高校卒業後すぐに就職、といった環境の違いがあれば、性格も違ってきて当然でしょう。

本書では個々人の生年月日から導き出される運命石を紹介していきますが、それはあく

までもご自身の持つ宿命、性格の一要素とお考えください。

自分の持って生まれた宿命のベースの部分を知ったうえで、今いる環境で自分本来の資質を生かせているのか、家族やパートナー、周りの人たちとはどう向き合ったらいいのかなどを振り返り、行動に移していく。

このように、運命石が教えてくれる一つの宿命として知り得たことを、今後の仕事や人間関係に上手に活用していただければと思います。

◆ 石と私の出会いと今

ここで私の石との関係についても、少しお話ししておきましょう。

子どものころから私は石が大好きでした。

不思議なエネルギーを石から感じ取っていて、自宅の庭の大きな石に話を聞いてもらったり、悲しいことがあったときには慰めてもらったりしていました。といっても自分が特別だという考えはまったくなく、当時はみんな私と同じように石と会話していると思っていました。

行く先々では心惹かれた石を拾ってきて、きれいに洗ってガラス瓶に入れておき、ときどき取り出してはエネルギーをもらっていました。

どの石にもそれぞれ違ったエネルギーがあります。そんな石たちの力を借りて守ってもらったり、自分の力を増幅したり。石は常に私に寄り添ってくれる親友のような存在だったのです。

また、私は子どものころから占いも大好きでした。

石のエネルギーを感じ取れるのと同様に、人のエネルギーが見えるので、友人たちを占って「どうして知ってるの?」と驚かれることもしばしば。言っていいことと悪いことの区別ができておらず、見えたことをそのまま口に出すものだから、よく周囲の大人たちに気まずい思いをさせたり、怒られたりしていました。

大人になってからはマスコミ業界で働きながら、人を占うことは趣味的な副業として続けていました。東洋の占術をベースに西洋の占術の要素を組み合わせた、オリジナルの個人鑑定です。

転機は、それまで続けていたテレビ局の報道を離れ、フリーアナウンサーとして宝石を扱うショッピング番組に出演したことでした。

「恋愛の石」「結婚の石」「金運アップの石」などと、感じたままに宝石の魅力を伝えると、飛ぶように売れたものです。しかも私が紹介した石を買われたお客様から、「良縁に恵まれた」「臨時収入があった」といった喜びの声が数多く寄せられ、お客様と共に私自身もます

ます石の不思議な力に引き込まれていきました。

「石には人が生まれ持った宿命に寄り添う力がある、宿命を補う力がある、宿命を好転させる力がある……」と。もともと、私自身の人生にも常に石が寄り添い、石の力によって自分自身が救われてきた実感も重なりました。

趣味で続けていた占いが口コミによってどんどん広まり、お客様が増えたのはちょうどそのころのこと。次第に占いのほうが本業も同然になってきたところで、私はこう考えるようになりました。

単に石の魅力を伝えて販売するのではなく、占いからわかる人の個性と、石が持っている個性を結びつけて、石の力を借りながら宿命を好転させるお手伝いがしたい、もっと人の奥深いところに届くような鑑定をしたい——それこそが私の使命ではないか、と。そこからさらに研究を重ね、ようやく確立したのが「運命石占い」だったのです。

自分のことは自分が一番わかっているようで、意外とわかっていないもの。

私のところにも、日々、「本当の自分は何者なのか」「どんな仕事が向いているのか」「自分の使命とは何か」「どんな人と相性がいいのか」、はたまた「どう生きたらいいのか」といった相談が寄せられます。多い日には、一日のお客様は数十名に上ります。

もちろん一生をかけてその答えを見つけていくのが人生です。ただ、ご自身の生年月日から導き出される運命石に込められたメッセージを知ると、きっとストンと「腑に落ちる」ことがあるでしょう。それが次なる一歩のヒントとなるかもしれません。

たとえば転職を考えているなら、「より自分の資質が生きそうな、この業種にしよう」と決断するきっかけとする。

他の運命石の資質や自分との相性を知ったうえで、「だからあの人は、あの時あんな態度を取ったのか」「あの上司とうまくやるには、こういうところに気をつけたらいいのか」「この人とはこういう相性だから、こんなふうに付き合おう」などなど、より深い人間理解や、より円滑な人間関係につなげる。

運命石が示す自分の恋愛・結婚の傾向を、「こういう私には、実はこういう人が合うんだな」などパートナー選びの一つの基準、目安とする。

運命石を通じて自分の宿命や使命を知ることで、「この先、いかに生きるか」「いかに愛する人と仲よく幸せになるか」を見定める。

先がよく見えない世の中ですが、ご自身や周りの人たちの運命石、その資質や相性を知ることが、少しでもみなさんの生きやすさ、より充実した幸せな人生につながれば幸いです。

2024年　星祭りの前に

天河りんご

もくじ *Contents*

※1948年以前と2009年以降の
生年月日計算表は、左記QRコード、
または下記URLよりご覧いただけます。
https://www.sbcr.jp/support/4815617849/

四天について

あなたの個性がもっとも輝く〝時〟

　10の運命石には、それぞれ基本的な気質があります。それを表すのが「陰と陽」。陰は控えめで静かな質を持ち、受動的かつ消極性を備えています。陽は明るく活発で、能動的かつ積極性を備えています。その気質、いわば「運命石の個性」を示すのが下の表です。陰1〜5、陽1〜5で各運命石の個性を知ることができます。

　また、それらの個性が最も輝く〝時〟を見るのが「静と動」です。静は、平和で穏やかで安定した時代。動は、激しくも厳しい激動の時代です。安定した時代に魅力を発揮するのが静1〜5、非常時など動乱の時代に底力を発揮するのが動1〜5です。

　下の図には、それぞれの運命石の個性（陰と陽）と、もっとも輝く時（静と動）を1〜5で示しました。宿命や相性などと合わせて読み解くと、運命石占いをより深く、より近く感じられるでしょう。

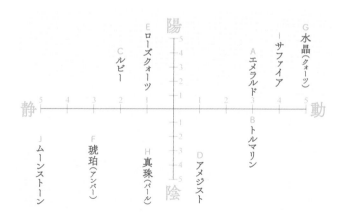

本書の使い方
より充実した幸せな人生のヒントに

	運命石
A	エメラルド
B	トルマリン
C	ルビー
D	アメジスト
E	ローズクォーツ
F	琥珀（アンバー）
G	水晶（クォーツ）
H	真珠（パール）
I	サファイア
J	ムーンストーン

運命石占いは、いわゆる一般的な「誕生石」とは違います。誕生石は聖書に登場する12個の石を1月〜12月に当てはめたものですが、運命石占いは、計算式を用いて10個の石（左記の表、A〜J）を生年月日に割り当て、その人の宿命を占うというもの。運命石占いとしてこうして世に出るのは本書が初です。

計算式そのものを限られた紙面に記すのは難しいため、1949年生まれ〜2008年生まれの運命石の表を12〜17ページと、巻末の176〜189ページに載せました。みな複数の運命石を持っているのですが、本書では、もっとも強く特徴が表れる中心的な運命石のみ載せています。まず、ご自身や周りの人たちの生年月日欄にある運命石を探し、その運命石の項を読んでみてください。

1952年

	1	2	3	4	5	6	7	8	9	10	11	12	13	14	15	16	17	18	19	20	21	22	23	24	25	26	27	28	29	30	31
1月	H	G	F	E	D	C	B	A	J	I	H	G	F	E	B	A	J	G	F	E	D	C	B	A	J	I	H	G	F	E	D
2月	C	B	A	J	J	G	H	E	F	C	D	I	J	G	H	E	F	C	B	I	J	G	H	E	F	C	D	A	B		
3月	I	J	G	H	E	E	D	C	B	A	J	I	H	G	F	E	D	C	B	A	J	I	H	G	F	E	D	C	B	A	J
4月	I	H	G	F	E	D	C	B	A	J	I	H	G	D	C	B	H	E	F	C	D	A	B	I	J	G	H	E	F	C	
5月	D	A	B	I	I	G	H	E	F	E	F	C	D	A	B	I	J	G	D	A	B	I	I	J	G	H	E	F	C	D	A
6月	I	I	J	G	F	E	D	C	B	A	J	I	H	G	F	E	D	C	B	A	J	I	I	F	E	D	C	B	A		
7月	J	I	H	G	F	E	D	C	B	A	J	I	H	G	F	C	B	A	D	C	B	A	J	I	I	H	G	F	E	D	C
8月	A	J	I	H	G	F	F	C	D	A	B	I	J	G	H	E	J	G	H	C	D	A	B	I	I	J	G	H	E	F	C
9月	A	B	I	J	G	H	E	E	D	C	B	A	J	I	H	G	F	E	D	C	B	A	J	I	I	H	G	F	E	D	C
10月	B	A	J	I	H	G	F	E	D	C	B	A	J	I	H	G	B	A	J	B	I	I	J	G	H	E	F	C	D	A	B
11月	J	G	H	E	F	C	J	G	H	E	F	C	D	A	B	I	I	J	G	F	C	D	A	B	I	I	J	G	H	E	F
12月	D	A	B	I	I	J	G	G	F	E	D	C	B	A	J	I	I	H	G	F	E	D	C	B	A	J	I	I	H	G	F

1953年

	1	2	3	4	5	6	7	8	9	10	11	12	13	14	15	16	17	18	19	20	21	22	23	24	25	26	27	28	29	30	31
1月	B	A	J	I	H	G	F	E	D	C	B	A	J	I	F	E	D	A	J	I	H	G	F	E	D	C	B	A	J	I	H
2月	G	F	E	C	D	A	B	I	J	G	F	C	D	A	B	I	J	E	F	C	D	A	B	I	J	G	H	E			
3月	F	C	D	A	B	I	J	H	G	F	E	D	C	B	A	J	I	H	G	F	E	D	C	B	A	J	I	I	H	G	F
4月	D	C	B	A	J	I	H	G	F	E	D	C	B	I	H	G	A	B	I	J	G	H	E	F	C	D	A	B	I	J	
5月	G	H	E	F	C	D	A	B	I	J	I	J	G	H	E	F	C	D	A	H	E	F	C	D	A	B	I	J	G	H	E
6月	F	C	D	A	B	B	A	J	I	I	H	G	F	E	D	C	B	A	J	I	H	G	F	E	D	A	J	I	H	G	
7月	E	D	C	B	A	J	I	H	G	F	E	D	C	B	A	H	G	F	I	H	G	F	E	D	C	B	A	J	I	H	G
8月	F	E	D	C	B	A	J	J	G	H	E	F	C	D	A	B	I	D	A	B	G	H	E	F	C	D	A	B	I	I	J
9月	H	E	F	C	D	A	B	I	J	I	H	G	F	E	D	C	B	A	J	I	H	G	F	E	D	C	B	A	J	I	
10月	G	F	E	D	C	B	A	J	I	I	H	G	F	E	D	C	B	G	F	E	E	F	C	D	A	B	I	I	J	G	H
11月	C	D	A	B	I	I	J	G	D	A	B	I	I	J	G	H	E	F	C	D	A	J	I	H	G	F	C	D	A	B	
12月	G	H	E	F	C	D	B	A	J	I	I	H	G	F	E	D	C	B	A	J	I	I	H	G	F	E	D	C	B	A	H

1954年

	1	2	3	4	5	6	7	8	9	10	11	12	13	14	15	16	17	18	19	20	21	22	23	24	25	26	27	28	29	30	31
1月	G	F	E	D	C	B	A	J	I	H	G	F	E	D	A	J	I	F	E	D	C	B	A	J	I	I	H	G	F	E	D
2月	B	A	J	J	G	H	E	F	C	D	I	J	G	H	E	F	C	B	I	J	G	H	E	F	C	D	A	B			
3月	I	J	G	H	E	E	D	C	B	A	J	I	H	G	F	E	D	C	B	A	J	I	I	H	G	F	E	D	C	B	A
4月	I	H	G	F	E	D	C	B	A	J	I	H	G	D	C	B	H	E	F	C	D	A	B	I	J	G	H	E	F	C	
5月	D	A	B	I	I	J	G	H	E	F	C	F	C	D	A	B	I	J	G	H	A	B	I	I	J	G	H	E	F	C	D
6月	I	I	J	G	H	E	E	D	C	B	A	J	I	H	G	F	E	D	C	B	A	J	I	I	F	E	D	C	B	A	
7月	J	I	H	G	F	E	D	C	B	A	J	I	H	G	F	E	B	A	J	C	B	A	J	I	I	H	G	F	E	D	C
8月	A	J	I	H	G	F	E	C	D	A	B	I	J	G	H	E	F	G	H	E	D	A	B	I	I	J	G	H	E	F	C
9月	A	B	I	J	G	H	E	E	D	C	B	A	J	I	H	G	F	E	D	C	B	A	J	I	I	H	G	F	E	D	C
10月	B	A	J	I	H	G	F	E	D	C	B	A	J	I	I	H	G	F	A	J	I	I	I	J	G	H	E	F	C	D	A
11月	J	G	H	E	F	C	D	G	H	E	F	C	D	A	B	I	I	J	G	H	C	D	A	B	I	I	J	G	H	E	F
12月	D	A	B	I	I	J	G	H	F	E	D	C	B	A	J	I	I	H	G	F	E	D	C	B	A	J	I	I	H	G	F

〈生年月日計算表〉

1949年

	1	2	3	4	5	6	7	8	9	10	11	12	13	14	15	16	17	18	19	20	21	22	23	24	25	26	27	28	29	30	31
1月	C	B	A	J	I	H	G	F	E	D	C	B	A	J	I	E	F	C	D	A	B	I	J	G	H	F	E	D	C	B	A
2月	H	G	F	E	C	D	A	B	I	J	E	F	C	D	A	B	I	J	G	H	E	F	C	D	A	B	I	J	G	H	
3月	E	F	C	D	A	A	J	I	H	G	F	E	D	C	B	A	J	I	H	G	F	E	D	C	B	A	J	I	H	G	F
4月	E	D	C	B	A	J	I	H	G	F	E	D	C	J	I	H	D	A	B	I	J	G	H	E	F	C	D	A	B	I	
5月	J	G	H	E	F	C	D	A	B	I	B	I	J	G	H	E	F	C	D	G	H	E	F	C	D	A	B	I	J	G	H
6月	E	F	C	D	A	C	B	A	J	I	H	G	F	E	D	C	B	A	J	I	H	G	F	E	B	A	J	I	H	G	
7月	F	E	D	C	B	A	J	I	H	G	F	E	D	C	B	I	H	G	J	I	H	G	F	E	D	C	B	A	J	I	H
8月	G	F	E	D	C	B	A	J	I	H	G	F	E	F	C	D	A	B	C	D	A	J	I	H	G	H	E	F	C	D	A
9月	G	H	E	F	C	D	A	A	J	I	H	G	F	E	D	C	B	A	J	I	H	G	F	E	D	C	B	A	J	I	
10月	H	G	F	E	D	C	B	A	J	I	H	G	F	E	D	C	B	G	F	E	E	F	C	D	A	B	I	J	G	H	E
11月	F	C	D	A	B	I	J	C	D	A	B	I	J	G	H	E	F	C	D	I	J	G	H	E	F	C	D	A	B	I	
12月	J	G	H	E	F	C	C	B	A	J	I	H	G	F	E	D	C	B	A	J	I	H	G	F	E	D	C	B	A	J	I

1950年

	1	2	3	4	5	6	7	8	9	10	11	12	13	14	15	16	17	18	19	20	21	22	23	24	25	26	27	28	29	30	31
1月	H	G	F	E	D	C	B	A	J	I	H	G	F	E	B	A	J	G	F	E	D	C	B	A	J	I	H	G	F	E	D
2月	C	B	A	J	I	J	G	H	E	F	C	B	I	J	G	H	E	F	A	B	I	J	G	H	E	F	C	D	A		
3月	B	I	J	G	H	F	E	D	C	B	A	J	I	H	G	F	E	D	C	B	A	J	I	H	G	F	E	D	C	B	A
4月	J	I	H	G	F	E	D	C	B	A	J	I	H	E	D	C	G	H	E	F	C	D	A	B	I	J	G	H	E	F	
5月	C	D	A	B	I	J	G	H	E	F	C	D	A	B	I	J	G	H	E	D	C	B	A	J	I	H	G	F	E	D	C
6月	B	I	I	G	H	H	G	F	E	D	C	B	A	J	I	H	G	F	E	D	C	B	A	J	I	H	G	F	E	D	
7月	A	J	I	H	G	F	E	D	C	B	A	J	I	H	G	F	C	B	A	D	C	B	A	J	I	H	G	F	E	D	C
8月	B	A	J	I	H	G	F	F	C	D	A	B	I	J	G	H	E	I	G	H	E	F	C	D	A	B	I	J	G	H	E
9月	D	A	B	I	I	G	H	F	E	D	C	B	A	J	I	H	G	F	E	D	C	B	A	J	I	H	G	F	E	D	
10月	C	B	A	J	I	H	G	F	E	D	C	B	A	J	I	H	G	B	A	J	I	H	G	F	E	D	C	F	C	D	A	B
11月	I	J	G	H	E	F	C	J	G	H	E	F	C	D	A	B	I	J	G	F	C	D	A	B	I	J	G	H	E	F	
12月	C	D	A	B	I	J	G	G	F	E	D	C	B	A	J	I	H	G	F	E	D	C	B	A	J	I	H	G	F	E	D

1951年

	1	2	3	4	5	6	7	8	9	10	11	12	13	14	15	16	17	18	19	20	21	22	23	24	25	26	27	28	29	30	31
1月	C	B	A	J	I	H	G	F	E	D	C	B	A	J	G	F	E	B	A	J	I	H	G	F	E	D	C	B	A	J	I
2月	H	G	F	E	C	D	A	B	I	J	G	F	C	D	A	B	I	J	E	F	C	D	A	B	I	J	G	H			
3月	E	F	C	D	A	A	J	I	H	G	F	E	D	C	B	A	J	I	H	G	F	E	D	C	B	A	J	I	H	G	F
4月	E	D	C	B	A	J	I	H	G	F	E	D	C	J	I	H	D	A	B	I	J	G	H	E	F	C	D	A	B	I	
5月	J	G	H	E	F	C	D	A	B	I	B	I	J	G	H	E	F	C	D	G	H	E	F	C	D	A	B	I	J	G	H
6月	E	F	C	D	A	C	B	A	J	I	H	G	F	E	D	C	B	A	J	I	H	G	F	E	B	A	J	I	H	G	
7月	F	E	D	C	B	A	J	I	H	G	F	E	D	C	B	A	H	G	F	I	H	G	F	E	D	C	B	A	J	I	H
8月	G	F	E	D	C	B	A	J	I	H	G	F	E	F	C	D	A	B	C	D	A	J	I	H	G	H	E	F	C	D	A
9月	G	H	E	F	C	D	A	A	J	I	H	G	F	E	D	C	B	A	J	I	H	G	F	E	D	C	B	A	J	I	
10月	H	G	F	E	D	C	B	A	J	I	H	G	F	E	D	C	B	G	F	E	E	F	C	D	A	B	I	J	G	H	E
11月	F	C	D	A	B	I	J	C	D	A	B	I	J	G	H	E	F	C	D	I	J	G	H	E	F	C	D	A	B	I	
12月	J	G	H	E	F	C	D	B	A	J	I	H	G	F	E	D	C	B	A	J	I	H	G	F	E	D	C	B	A	J	I

1958年

	1	2	3	4	5	6	7	8	9	10	11	12	13	14	15	16	17	18	19	20	21	22	23	24	25	26	27	28	29	30	31
1月	F	E	D	C	B	A	J	I	H	G	F	E	D	C	J	I	H	E	D	C	B	A	J	I	H	G	F	E	D	C	B
2月	A	J	I	G	H	E	F	C	D	A	J	G	H	E	F	C	D	I	J	G	H	E	F	C	D	A	B	I			
3月	J	G	H	E	F	D	C	B	A	J	I	H	G	F	E	D	C	B	A	J	I	H	G	F	E	D	C	B	A	J	I
4月	H	G	F	E	D	C	B	A	J	I	H	G	F	C	B	A	E	F	C	D	A	B	I	J	G	H	E	F	C	D	
5月	A	B	I	J	G	H	E	F	C	D	C	D	A	B	I	J	J	G	H	E	B	I	J	G	H	E	F	C	D	A	B
6月	J	G	H	E	F	F	E	D	C	B	A	J	I	H	G	F	E	D	C	B	A	J	I	H	E	D	C	B	A	J	
7月	I	H	G	F	E	D	C	B	A	J	I	H	G	F	E	D	A	J	I	B	A	J	I	H	G	F	E	D	C	B	A
8月	J	I	H	G	F	E	D	D	A	J	I	J	G	H	E	F	C	H	E	F	A	B	I	J	G	H	E	F	C	D	A
9月	B	I	J	G	H	E	F	D	C	B	A	J	I	H	G	F	E	D	C	B	A	J	I	H	G	F	E	D	C	B	
10月	A	J	I	H	G	F	E	D	C	B	A	J	I	H	G	F	E	J	I	H	J	G	H	E	F	C	D	A	B	I	J
11月	G	H	E	F	C	D	A	H	E	F	C	D	A	B	I	J	G	H	E	D	A	B	I	J	G	H	E	F	C	D	
12月	A	B	I	J	G	H	F	E	D	C	B	A	J	I	H	G	F	E	D	C	B	A	J	I	H	G	F	E	D	C	B

1959年

	1	2	3	4	5	6	7	8	9	10	11	12	13	14	15	16	17	18	19	20	21	22	23	24	25	26	27	28	29	30	31
1月	A	J	I	H	G	F	E	D	C	B	A	J	I	H	E	D	C	J	I	H	G	F	E	D	C	B	A	J	I	H	G
2月	F	E	D	D	A	B	I	J	G	H	C	D	A	B	I	J	G	F	C	D	A	B	I	J	G	H	E	F			
3月	C	D	A	B	I	I	H	G	F	E	D	C	B	A	J	I	H	G	F	E	D	C	B	A	J	I	H	G	F	E	D
4月	C	B	A	J	I	H	G	F	E	D	C	B	A	H	G	F	E	B	I	J	G	H	E	F	C	D	A	B	I	J	G
5月	H	E	F	C	D	A	B	I	J	G	J	G	H	E	F	C	D	A	B	E	F	C	D	A	B	I	J	G	H	E	F
6月	C	D	A	B	I	A	J	I	H	G	F	E	D	C	B	A	J	I	H	G	F	E	D	C	J	I	H	G	F	E	
7月	D	C	B	A	J	I	H	G	F	E	D	C	B	A	J	I	F	E	D	G	F	E	D	C	B	A	J	I	H	G	F
8月	E	D	C	B	A	J	I	G	H	E	F	C	D	A	B	I	J	A	B	I	H	E	F	C	D	A	B	I	J	G	H
9月	E	F	C	D	A	B	I	I	H	G	F	E	D	C	B	A	J	I	H	G	F	E	D	C	B	A	J	I	H	G	
10月	F	E	D	C	B	A	J	I	H	G	F	E	D	C	B	A	J	E	D	C	C	D	A	B	I	J	G	H	E	F	C
11月	D	A	B	I	J	G	H	A	B	I	J	G	H	E	F	C	D	A	B	G	H	E	F	C	D	A	B	I	J	G	
12月	H	E	F	C	D	A	B	J	I	I	H	G	F	E	D	C	B	A	J	I	H	G	F	E	D	C	B	A	J	I	H

1960年

	1	2	3	4	5	6	7	8	9	10	11	12	13	14	15	16	17	18	19	20	21	22	23	24	25	26	27	28	29	30	31
1月	F	E	D	C	B	A	J	I	H	G	F	E	D	C	J	I	H	E	D	C	B	A	J	I	H	G	F	E	D	C	B
2月	A	J	I	H	H	E	F	C	D	A	B	G	H	E	F	C	D	A	J	G	H	E	F	C	D	A	B	I	J		
3月	G	H	E	F	D	C	B	A	J	I	H	G	F	E	D	C	B	A	J	I	H	G	F	E	D	C	B	A	J	I	H
4月	G	F	E	D	C	B	A	J	I	H	G	F	E	B	A	J	F	C	D	A	B	I	J	G	H	E	F	C	D	A	
5月	B	I	J	G	H	E	F	C	D	C	D	A	B	I	J	G	H	E	B	I	J	G	H	E	F	C	D	A	B	I	J
6月	G	H	E	F	C	E	D	C	B	A	J	I	H	G	F	E	D	C	B	A	J	I	H	G	D	C	B	A	J	I	
7月	H	G	F	E	D	C	B	A	J	I	H	G	F	E	D	A	J	I	H	G	F	E	D	A	B	I	J	G	H	E	F
8月	I	H	G	F	E	D	D	A	B	I	J	G	H	E	F	C	H	E	F	A	B	I	J	G	H	E	F	C	D	A	B
9月	I	I	J	G	H	E	F	C	C	B	A	J	I	H	G	F	E	D	C	B	A	J	I	H	G	F	E	D	C	B	A
10月	J	I	H	G	F	E	D	C	B	A	J	I	H	G	F	E	J	I	H	J	G	H	E	F	C	D	A	B	I	J	G
11月	H	E	F	C	D	A	H	E	F	C	D	A	B	I	J	G	H	E	D	A	B	I	J	G	H	E	F	C	D	A	
12月	B	I	J	G	H	E	E	D	C	B	A	J	I	H	G	F	E	D	C	B	A	J	I	H	G	F	E	D	C	B	A

〈生年月日計算表〉

年

	1	2	3	4	5	6	7	8	9	10	11	12	13	14	15	16	17	18	19	20	21	22	23	24	25	26	27	28	29	30	31
1月	B	A	J	I	H	G	F	E	D	C	B	A	J	I	F	E	D	A	J	I	H	G	F	E	D	C	B	A	J	I	H
2月	G	F	E	C	D	A	B	J	I	G	F	C	D	A	B	J	I	H	E	F	C	D	A	B	I	J	G	H	E		
3月	F	C	D	A	B	J	I	H	G	F	E	D	C	B	A	J	I	H	G	F	E	D	C	B	A	J	I	H	G	F	E
4月	D	C	B	A	J	I	H	G	F	E	D	C	B	I	H	G	A	B	I	J	G	H	E	F	C	D	A	B	I	J	
5月	G	H	E	F	C	D	A	B	I	J	I	J	G	H	E	F	C	D	A	H	E	F	C	D	A	B	I	J	G	H	E
6月	F	C	D	A	B	B	A	J	I	H	G	F	E	D	C	B	A	J	I	H	G	F	E	D	A	J	I	H	G	F	
7月	E	D	C	B	A	J	I	H	G	F	E	D	C	B	A	J	G	F	E	H	G	F	E	D	C	B	A	J	I	H	G
8月	F	E	D	C	B	A	J	J	G	H	E	F	C	D	A	B	I	D	A	B	G	H	E	F	C	D	A	B	I	J	G
9月	H	E	F	C	D	B	A	J	I	H	G	F	E	D	C	B	A	F	E	D	F	C	D	A	B	I	J	G	H	E	F
10月	G	F	E	D	C	B	A	J	I	H	G	F	E	D	C	B	A	F	E	D	F	C	D	A	B	I	J	G	H	E	F
11月	C	D	A	B	I	J	G	D	A	B	I	J	G	H	E	F	C	D	A	J	G	H	E	F	C	D	A	B	I	J	
12月	G	H	E	F	C	D	A	A	J	I	H	G	F	E	D	C	B	A	J	I	H	G	F	E	D	C	B	A	J	I	H

1956年

	1	2	3	4	5	6	7	8	9	10	11	12	13	14	15	16	17	18	19	20	21	22	23	24	25	26	27	28	29	30	31
1月	G	F	E	D	C	B	A	J	I	H	G	F	E	D	A	J	I	F	E	D	C	B	A	J	I	H	G	F	E	D	C
2月	B	A	J	I	G	H	E	F	C	D	A	J	G	H	E	F	C	D	I	J	G	H	E	F	C	D	A	B	I		
3月	J	G	H	E	E	D	C	B	A	J	I	H	G	F	E	D	C	B	A	J	I	H	G	F	E	D	C	B	A	J	I
4月	H	G	F	E	D	C	B	A	J	I	H	G	F	C	B	A	E	F	C	D	A	B	I	J	G	H	E	F	C	D	
5月	A	B	I	J	G	H	E	F	C	F	C	D	A	B	I	J	G	H	E	D	A	B	I	J	G	H	E	F	C	D	A
6月	J	G	H	E	F	F	E	D	C	B	A	J	I	H	G	F	E	D	C	B	A	J	I	H	E	D	C	B	A	J	
7月	I	H	G	F	E	D	C	B	A	J	I	H	G	F	E	B	A	J	I	C	B	A	J	I	H	G	F	E	D	C	B
8月	J	I	H	G	F	E	C	D	A	J	I	J	G	H	E	F	C	D	H	E	F	C	D	A	B	I	J	G	H	E	F
9月	B	I	J	G	H	E	F	D	C	B	A	J	I	H	G	F	E	D	C	B	A	J	I	H	G	F	E	D	C	B	
10月	A	J	I	H	G	F	E	D	C	B	A	J	I	H	G	F	A	J	I	H	G	F	E	D	C	B	A	B	I	J	J
11月	G	H	E	F	C	D	G	H	E	F	C	D	A	B	I	J	G	H	E	F	C	D	A	B	I	J	G	H	E	F	C	D
12月	A	B	I	J	G	H	F	E	D	C	B	A	J	I	H	G	F	E	D	C	B	A	J	I	H	G	F	E	D	C	B

1957年

	1	2	3	4	5	6	7	8	9	10	11	12	13	14	15	16	17	18	19	20	21	22	23	24	25	26	27	28	29	30	31
1月	A	J	I	H	G	F	E	D	C	B	A	J	I	F	E	D	A	J	I	H	G	F	E	D	C	B	A	J	I	H	G
2月	F	E	D	D	A	B	I	J	G	H	C	D	A	B	I	J	J	G	F	C	D	A	B	I	J	G	H	E	F		
3月	C	D	A	B	I	I	H	G	F	E	D	C	B	A	J	I	H	G	F	E	D	C	B	A	J	I	H	G	F	E	D
4月	C	B	A	J	I	H	G	F	E	D	C	B	A	H	G	F	B	I	J	G	H	E	F	C	D	A	B	I	J	G	
5月	H	E	F	C	D	A	B	I	J	G	J	G	H	E	F	C	D	A	B	E	F	C	D	A	B	I	J	G	H	E	F
6月	C	D	A	B	I	A	J	I	H	G	F	E	D	C	B	A	J	I	H	G	F	E	D	C	J	I	H	G	F	E	
7月	D	C	B	A	J	I	H	G	F	E	D	C	B	A	J	G	F	E	H	G	F	E	D	C	B	A	J	I	H	G	F
8月	E	D	C	B	A	J	I	H	G	F	E	D	C	B	A	J	I	A	B	I	H	G	F	E	D	C	B	A	J	I	H
9月	E	F	C	D	A	B	I	J	G	H	G	F	E	D	C	B	A	J	I	H	G	F	E	D	C	B	A	J	I	H	
10月	F	E	D	C	B	A	J	I	H	G	F	E	D	C	B	A	F	E	D	F	C	D	A	B	I	J	G	H	E	F	C
11月	D	A	B	I	I	J	G	H	A	B	I	J	G	H	E	F	C	D	A	B	I	J	G	H	E	F	C	D	A	B	I	J
12月	H	E	F	C	D	A	A	J	I	H	G	F	E	D	C	B	A	J	I	H	G	F	E	D	C	B	A	J	I	H	G

15

1964年

	1	2	3	4	5	6	7	8	9	10	11	12	13	14	15	16	17	18	19	20	21	22	23	24	25	26	27	28	29	30	31
1月	E	D	C	B	A	J	I	H	G	F	E	D	C	B	I	H	G	D	C	B	A	J	I	H	G	F	E	D	C	B	A
2月	J	I	H	G	E	F	C	D	A	B	I	H	E	F	C	D	A	B	G	H	E	F	C	D	A	B	I	J	G		
3月	H	E	F	C	C	B	A	J	I	H	G	F	E	D	C	B	A	J	I	H	G	F	E	D	C	B	A	J	I	H	G
4月	F	E	D	C	B	A	J	I	H	G	F	E	D	A	J	I	C	D	A	B	I	J	G	H	E	F	C	D	A	B	
5月	I	J	G	H	E	F	C	D	A	D	A	B	I	J	G	H	E	F	I	J	G	H	E	F	C	D	A	B	I	J	G
6月	H	E	F	C	D	D	C	B	A	J	I	H	G	F	E	D	C	B	A	J	I	H	G	F	C	B	A	J	I	H	
7月	G	F	E	D	C	B	A	J	I	H	G	F	E	D	C	J	I	H	A	J	I	H	G	F	E	D	C	B	A	J	I
8月	H	G	F	E	D	C	A	B	I	J	G	H	E	F	C	D	E	F	C	B	I	J	G	H	E	F	C	D	A	B	I
9月	J	G	H	E	F	C	D	B	A	J	I	H	G	F	E	D	C	B	A	J	I	H	G	F	E	D	C	B	A	J	
10月	I	H	G	F	E	D	C	B	A	J	I	H	G	F	E	D	I	H	G	G	H	E	F	C	D	A	B	I	J	G	H
11月	E	F	C	D	A	B	E	F	C	D	A	B	I	J	G	H	E	F	A	B	I	J	G	H	E	F	C	D	A	B	
12月	I	J	G	H	E	F	D	C	B	A	J	I	H	G	F	E	D	C	B	A	J	I	H	G	F	E	D	C	B	A	J

1965年

	1	2	3	4	5	6	7	8	9	10	11	12	13	14	15	16	17	18	19	20	21	22	23	24	25	26	27	28	29	30	31
1月	I	H	G	F	E	D	C	B	A	J	I	H	G	D	C	B	I	H	G	F	E	D	C	B	A	J	I	H	G	F	E
2月	D	C	B	B	I	J	G	H	E	F	A	B	I	J	G	H	E	D	A	B	I	J	G	H	E	F	C	D			
3月	A	B	I	J	G	G	F	E	D	C	B	A	J	I	H	G	F	E	D	C	B	A	J	I	H	G	F	E	D	C	B
4月	A	J	I	H	G	F	E	D	C	B	A	J	I	H	E	D	J	G	H	E	F	C	D	A	B	I	J	G	H	E	
5月	F	C	D	A	B	I	J	G	H	E	F	C	D	A	B	I	J	C	D	A	B	I	J	G	H	E	F	C	D		
6月	A	B	I	J	G	I	H	G	F	E	D	C	B	A	J	I	H	G	F	E	D	C	B	A	H	G	F	E	D	C	
7月	B	A	J	I	H	G	F	E	D	C	B	A	J	I	H	E	D	C	F	E	D	C	B	A	J	I	H	G	F	E	D
8月	C	B	A	J	I	H	G	E	F	C	D	A	B	I	J	G	H	I	J	G	F	C	D	A	B	I	J	G	H	E	F
9月	C	D	A	B	I	J	G	G	F	E	D	C	B	A	J	I	H	G	F	E	D	C	B	A	J	I	H	G	F	E	
10月	D	C	B	A	J	I	H	G	F	E	D	C	B	A	J	I	D	C	B	D	A	B	I	J	G	H	E	F	C	D	A
11月	B	I	J	G	H	E	F	I	J	G	H	E	F	C	D	A	B	I	J	E	F	C	D	A	B	I	J	G	H	E	
12月	F	C	D	A	B	I	I	H	G	F	E	D	C	B	A	J	I	H	G	F	E	D	C	B	A	J	I	H	G	F	E

1966年

	1	2	3	4	5	6	7	8	9	10	11	12	13	14	15	16	17	18	19	20	21	22	23	24	25	26	27	28	29	30	31
1月	D	C	B	A	J	I	H	G	F	E	D	C	B	A	H	G	F	C	B	A	J	I	H	G	F	E	D	C	B	A	J
2月	I	H	G	E	F	C	D	A	B	I	H	E	F	C	D	A	B	G	H	E	F	C	D	A	B	I	J	G			
3月	H	E	F	C	D	B	A	J	I	H	G	F	E	D	C	B	A	J	I	H	G	F	E	D	C	B	A	J	I	H	G
4月	F	E	D	C	B	A	J	I	H	G	F	E	D	A	J	I	C	D	A	B	I	J	G	H	E	F	C	D	A	B	
5月	I	J	G	H	E	F	C	D	A	B	A	B	I	J	G	H	E	F	C	J	G	H	E	F	C	D	A	B	I	J	G
6月	H	E	F	C	D	D	C	B	A	J	I	H	G	F	E	D	C	B	A	J	I	H	G	F	C	B	A	J	I	H	
7月	G	F	E	D	C	B	A	J	I	H	G	F	E	D	C	J	I	H	A	J	I	H	G	F	E	D	C	B	A	J	I
8月	H	G	F	E	D	C	B	B	I	J	G	H	E	F	C	D	A	B	I	J	G	H	E	F	C	D	A	B	I		
9月	J	G	H	E	F	C	D	B	A	J	I	H	G	F	E	D	C	B	A	J	I	H	G	F	E	D	C	B	A	J	
10月	I	H	G	F	E	D	C	B	A	J	I	H	G	F	E	D	C	H	G	F	H	E	F	C	D	A	B	I	J	G	H
11月	E	F	C	D	A	B	I	F	C	D	A	B	I	J	G	H	E	F	C	B	I	J	G	H	E	F	C	D	A	B	
12月	I	J	G	H	E	F	D	C	B	A	J	I	H	G	F	E	D	C	B	A	J	I	H	G	F	E	D	C	B	A	J

1961年

	1	2	3	4	5	6	7	8	9	10	11	12	13	14	15	16	17	18	19	20	21	22	23	24	25	26	27	28	29	30	31
1月	J	I	H	G	F	E	D	C	B	A	J	I	H	E	D	C	J	I	H	G	F	E	D	C	B	A	J	I	H	G	F
2月	E	D	C	A	B	I	J	G	H	E	D	A	B	I	J	G	H	C	D	A	B	I	J	G	H	E	F	C			
3月	D	A	B	I	J	H	G	F	E	D	C	B	A	J	I	H	G	F	E	D	C	B	A	J	I	H	G	F	E	D	C
4月	B	A	J	I	H	G	F	E	D	C	B	A	J	G	F	E	I	J	G	H	E	F	C	D	A	B	I	J	G	H	
5月	E	F	C	D	A	B	I	J	G	H	G	H	E	F	C	D	A	B	I	F	C	D	A	B	I	J	G	H	E	F	C
6月	D	A	B	I	J	J	I	H	G	F	E	D	C	B	A	J	I	H	G	F	E	D	C	B	I	H	G	F	E	D	
7月	C	B	A	J	I	H	G	F	E	D	C	B	A	J	I	F	E	D	G	C	B	A	J	I	H	G	F	E			
8月	D	C	B	A	J	I	H	H	E	F	C	D	A	B	I	J	G	B	I	J	G	B	I	J	E	F	C	D	A	B	I
9月	F	C	D	A	B	I	J	H	G	F	E	D	C	B	A	J	I	H	G	F	E	D	C	B	A	J	I	H	G	F	
10月	E	D	C	B	A	J	I	H	G	F	E	D	C	B	A	J	E	D	C	C	D	A	B	I	J	G	H	E	F	C	D
11月	A	B	I	J	G	H	E	B	I	J	G	H	E	F	C	D	A	B	I	H	E	F	C	D	A	B	I	J	G	H	
12月	E	F	C	D	A	B	J	I	I	H	G	F	E	D	C	B	A	J	I	H	G	F	E	D	C	B	A	J	I	H	G	F

1962年

	1	2	3	4	5	6	7	8	9	10	11	12	13	14	15	16	17	18	19	20	21	22	23	24	25	26	27	28	29	30	31
1月	E	D	C	B	A	J	I	H	G	F	E	D	C	B	I	H	G	D	C	B	A	J	I	H	G	F	E	D	C	B	A
2月	J	I	H	H	E	F	C	D	A	B	G	H	E	F	C	D	A	J	G	H	E	F	C	D	A	B	I	J			
3月	G	H	E	F	C	C	B	A	J	I	H	G	F	E	D	C	B	A	J	I	H	G	F	E	D	C	B	A	J	I	H
4月	G	F	E	D	C	B	A	J	I	H	G	F	E	B	A	J	F	C	D	A	J	I	G	H	E	F	C	D	A	B	
5月	B	I	J	G	H	E	F	C	D	A	D	A	B	I	J	G	H	E	F	I	J	G	H	E	F	C	D	A	B	I	J
6月	G	H	E	F	C	E	D	C	B	A	J	I	H	G	F	E	D	C	B	A	J	I	H	G	D	C	B	A	J	I	
7月	H	G	F	E	D	C	B	A	J	I	H	G	F	E	D	A	J	I	B	A	J	I	H	G	F	E	D	C	B	A	J
8月	I	H	G	F	E	D	C	A	B	I	J	G	H	E	F	C	D	E	F	C	B	I	J	G	H	E	F	C	D	A	B
9月	I	J	G	H	E	F	C	C	B	A	J	I	H	G	F	E	D	C	B	A	J	I	H	G	F	E	D	C	B	A	
10月	J	I	H	G	F	E	D	C	B	A	J	I	H	G	F	E	D	I	H	G	G	H	E	F	C	D	A	B	I	J	G
11月	H	E	F	C	D	A	B	E	F	C	D	A	B	I	J	G	H	E	F	A	B	I	J	G	H	E	F	C	D	A	
12月	B	I	J	G	H	E	E	D	C	B	A	J	I	H	G	F	E	D	C	B	A	J	I	H	G	F	E	D	C	B	A

1963年

	1	2	3	4	5	6	7	8	9	10	11	12	13	14	15	16	17	18	19	20	21	22	23	24	25	26	27	28	29	30	31
1月	J	I	H	G	F	E	D	C	B	A	J	I	H	G	D	C	B	I	H	G	F	E	D	C	B	A	J	I	H	G	F
2月	E	D	C	A	B	I	J	G	H	E	D	A	B	I	J	G	H	C	D	A	B	I	J	G	H	E	F	C			
3月	D	A	B	I	J	H	G	F	E	D	C	B	A	J	I	H	G	F	E	D	C	B	A	J	I	H	G	F	E	D	C
4月	B	A	J	I	H	G	F	E	D	C	B	A	J	G	F	E	I	J	G	H	E	F	C	D	A	B	I	J	G	H	
5月	E	F	C	D	A	B	I	J	G	H	G	H	E	F	C	D	A	B	I	F	C	D	A	B	I	J	G	H	E	F	C
6月	D	A	B	I	J	J	I	H	G	F	E	D	C	B	A	J	I	H	G	F	E	D	C	B	I	H	G	F	E	D	
7月	C	B	A	J	I	H	G	F	E	D	C	B	A	J	I	H	E	D	C	B	A	J	I	H	E	D	C	B	A	J	I	H	G	F	E
8月	D	C	B	A	J	I	H	H	E	F	C	D	A	B	I	J	G	B	I	J	E	F	C	D	A	B	I	J	G	H	E
9月	F	C	D	A	B	I	J	H	G	F	E	D	C	B	A	J	I	H	G	F	E	D	C	B	A	J	I	H	G	F	
10月	E	D	C	B	A	J	I	H	G	F	E	D	C	B	A	J	I	D	C	B	D	A	B	I	J	G	H	E	F	C	D
11月	A	B	I	J	G	H	E	B	I	J	G	H	E	F	C	D	A	B	I	H	E	F	C	D	A	B	I	J	G	H	
12月	E	F	C	D	A	B	I	I	H	G	F	E	D	C	B	A	J	I	H	G	F	E	D	C	B	A	J	I	H	G	F

エメラルドってこんな人

自力で成功する能力が高い、強力なエネルギーの持ち主

自分の世界観を持ち、自我が強く、何事もこだわり抜く人です。

こだわりの強さゆえにナイーブになったりなど悩む人が多いようです。強いエネルギーを持つため、人間関係においては人当たりを柔らかくする、笑顔を心がけるなど少し意識的に工夫をする必要があるかもしれません。

しかし、その信念の強さと忍耐力によって一つの道で花開き、カリスマ的な経営者や専門家になるといった活躍をする人も多いのです。

「出る杭は打たれるが、出過ぎた杭は打たれない」、もしくは「能ある鷹は爪を隠す」——このどちらかを自分自身のキャラクターに当てはめていくと、より生きやすくなるでしょう。

揺るぎない自立心と個性

エメラルド
〜 *Emerald* 〜

エメラルドのストーンパワー

我が道をゆく芯の強さで
光り輝く人生に

の宿命

典型的なキャリアウーマン。
> 組織なら管理職や社長に、
> 専門職ならカリスマに

管理職や社長など人の上に立つポジションや、腕一本で勝負する専門職で活躍するでしょう。

自己主張が強くマイペースなあなたは、組織にいるよりも自分がトップに立って経営したり、専門職でフリーランスや契約社員として働いたりするほうが向いています。他方、いわゆる一般的な営業職や事務職などにはあまり向いていません。

趣味を仕事にして成功するケースが多いのもエメラルドです。趣味と仕事を分けたほうがいいタイプの運命石もあるのですが、とにかく自分を強く持っているのが、あなたの魅力の源であり最大の強み。「こう」

エメラルド

と決めたら妥協できないからこそ、好きな分野や得意分野を極めることで成功につながりやすいといえます。

特にあなたにとっては、尊敬できない上司やトップのもとで働くのは苦痛でしかありません。業種、職場の向き不向きもはっきり出ます。

もともとの能力は高いのに、不器用であるがゆえに人間関係で上手くいかないのはもったいないこと。環境に悩んだら、無理に自分を変えて協調性を出そうとするより、思い切って自分の良さを生かせる場所に転職するか、独立を考えたほうがいいでしょう。

就職や転職後、「合わない」と思ったら、合う場所を見つけるまで環境を変える。

それができるためにも、何か得意なことや好きなことで、資格や専門技術を身に付けておくといいでしょう。

エメラルドは四天で見ると、時代が大きく変わる時に底力を発揮するタイプです。エメラルドが持つ専門的な知識や技術は、時代が激変してもあなたを支える柱となります。

エメラルドの恋愛・結婚運

〜

「守られたい」より「守りたい」タイプ。
無理しない、人と比べないことが幸せの鍵

自立心が強い反面、甘えるのが苦手なあなたは、どちらかというと守ってもらうより守ってあげたいタイプです。

こだわりが強いのは恋愛においても同様です。頑固で譲れない気質のあなたにとって最大の課題は、相手をどこまで柔軟に受け入れられるか。

これがどうしても難しいと感じるのなら、なるべく自分に優しく合わせてくれる相手を見つけたほうが幸せな恋愛・結婚ができそうです。

結婚が早いとか遅いとか、相手の条件がいいとか悪いとか、他人と比べるのは禁物です。何よりも「自分と相性が合うかどうか」を一番に考えて、本当に合う相手と出会えるまで、自然な出会いにもアンテナを張り巡らせつつ、とことん出会いの場所に出向いたり、紹介してもらったりすることが幸せな恋愛・結婚につながります。

エメラルドの金運

職人肌のコツコツ努力で
財力を高める

エメラルドは、いうなれば「職人」の石。専門職で独立するなど、一業に専念し、マイペースに働きながら自分の才能で食べていくほうが向いているでしょう。

とはいえ若いうちから自分の才能を見つけ、それ一つで食べていくのは難しいものです。組織の味を知ることも大事ですから、30代ぐらいから才能で安定的に稼いでいくというイメージで、まずは組織で働いてみるのも一つの選択肢でしょう。

エメラルドの健康運

偏食にならないように要注意

基本的に強いメンタルの持ち主です。若いうちは精神的に少々弱いところがありますが、30代以降は（環境にもよりますが）安定します。ただし凝り性なため1つの食べものに執着しがちです。特に肉食ばかりにならないよう気をつけて。また、我慢しすぎると肝臓や甲状腺に影響が出ることも。

の対人関係

本当に心を許せる人たちと付き合う。

若いうちは人に合わせる訓練を

とにかくマイペースで頑固なあなたは、大人数の中で人に合わせることが苦手です。気づいたら周囲から浮いていた……、ということも多いかもしれません。といっても、あなたはマイペースで頑固なだけで、人との争いは好みません。そのため、一見おとなしい人柄と受け取られやすいのですが、その内面には非常に強い個性を秘めています。

エメラルドの気質的に、ひとたび心を許した相手とは深い付き合いになります。また、自分を頼ってくる相手に対してはとことん面倒見がいいという一面もあります。そんなあなたには、広く浅い人間関係よりも、狭く深い人間関係のほうが向いているでしょう。

エメラルド

気をつけたいのは相手との距離感です。相手を尊重しすぎると、重く感じられてしまったり、依存されたりする可能性があります。もとは我が強いのがエメラルドですから、あくまでも「自分が自分らしくいられる相手」と一緒にいたほうが良好な人間関係を築けるでしょう。

プライベートでは、無闇に交友範囲を広げようとせず、好きな人とだけ一緒にいること。気が乗らないのに付き合いで参加する女子会などは、ストレスになるだけなのでなるべく避けましょう。

仕事上の人間関係では、特に若いうちは、我を出しすぎずに周囲とうまく渡り合う訓練をしたほうがいいでしょう。もともと能力は高いわけですから、いずれ実力が認められれば、みな、あなたの言うことに耳を傾けるようになるはずです。

エメラルドは、本質的にはあまり器用に人付き合いができません。一番いいのは、自分の世界を追求しつつ、多くにおいてはさらりとした人付き合いに留め、本当に信用できる家族や友人などと狭く深く付き合うこと。それがあなたの人生を豊かに花開かせることにつながるでしょう。

あの人の相性 ···✦

で見ると動3・陽3

時代に力を発揮し、能動的な積極性があるタイプです。明るさ
天は、各運命石の基本的な気質がわかります。

エメラルド ✕ トルマリン

社交的なトルマリンは、あなたとは一見、正反対の気質といえます
が、お互いの個性を尊重できれば良きパートナーになれるでしょう。
明るい相手に助けられる一方で、外へ外へと気持ちが向くトルマリ
ンに寂しさを感じることも。だからといって相手を束縛しようと試み
たり、我を通そうとしたりすると、途端に関係が難しくなります。気を
つけましょう。トルマリンは四天では動3・陰1。

エメラルド ✕ アメジスト

繊細なアメジストにとって、芯が通っていて前向きなあなたは「頼り
たくなる人」。あなたもアメジストの深い部分を見抜き、気遣うことが
できます。ただしそれが行き過ぎると途端にアメジストは殻にこもり、
面倒なことを言い出すなどトラブルになることも。アメジストに対し
ては「遠くから見守るのも愛」という心得がお互いのためになるでしょ
う。アメジストは四天では動1・陰5。

エメラルドと

四天で見るエメラルドは、動（激動）の
の中にも、揺るぎない芯があります。四

エメラルド × エメラルド

生来の気質が共通しているため、出会った瞬間から気が合うことが
多い相性です。しかし、その反面、お互い頑固で人の話を聞かない
せいで、意見が食い違うと関係性が泥沼化する恐れもあります。相
手の言うことを聞き流すなど、あなたがおおらかに対応しないと厳
しい闘いになるでしょう。お互い干渉し過ぎないのがうまくやるコツ
です。

エメラルド × ルビー

自由で大らかなルビーと、頑固なあなたの相性は最高です。ルビー
の楽観的な考え方に救われることも多いでしょう。自由すぎるルビ
ーの面倒を見る羽目になったり、気まぐれに振り回されたりするかも
しれませんが、ルビーは面倒見がよくて優しいあなたのことが大好
きです。愛嬌があって楽しいルビーなら何でも許せてしまう、そんな
間柄になりそうです。ルビーは四天では静2・陽4。

エメラルド × 琥珀

慎重で安定志向な琥珀に、あなたは尊敬しつつもあまり面白味を感じないかもしれません。しかし琥珀の堅実さや穏やかさは、実はあなたが補強したい一面でもあります。最初は面白味を感じなくても、琥珀と付き合ってみると学びや新たな視点を得ることが多く、恋愛・結婚に限らず、あなたの苦手な面を影でサポートしてくれる好相性です。琥珀は四天では静3・陰3。

エメラルド × 真珠

真珠とエメラルドは石の輝き方が違うように、気質もまったく違います。プライドが高い真珠に対し、一筋縄ではいかないものを感じることが多いでしょう。また真珠にとっても、あなたの自我の強い生き方は理解しがたいもの。恋愛・結婚に限らず、仕事相手でも、相手を立て、褒めて付き合えばうまくいくのですが、不器用なあなたは疲れてしまうかも。真珠は四天では静1・陰5。

エメラルド × ムーンストーン

まるで母親のように面倒見が良く、知的なムーンストーンは、あなたにとって居心地も良く、助けられることも多い存在です。でも、人間関係において見返りを求めるムーンストーンにとって、我が強くマイペースなあなたは、付き合いが長くなるほどに手を焼く厄介な相手です。また、何でも1人で完遂したいあなたにとっても、徐々に煩わしくなる相手かも。ムーンストーンは四天では静5・陰3。

エメラルド × ローズクォーツ

社交的でいつも人気者のローズクォーツは、あなたにとってまぶしく、心惹かれる存在。公私共にあなたがリードする形でうまくいく相性です。ただし、あなたが自分の意見に固執したり、圧迫感を与えたりすると2人の関係にヒビが入りそう。人気者の相手を無理にあなたのペースに持ち込もうとせず、おおらかに構えて付き合えば良い関係が保てるでしょう。ローズクォーツは四天では静1・陽5。

エメラルド × 水晶

猪突猛進型の水晶の純粋な行動力に、マイペースなあなたはついていけないかもしれません。意見が食い違ったときなどは、短気で白黒はっきりさせないと気が済まない水晶に呆れてしまうことも。しかし、お互いまっすぐで裏表の無い性格のためケンカをしてもすぐに仲直りでき、相手のペースを受け入れて見守れば関係も長続きするでしょう。水晶は四天では動5・陽5。

エメラルド × サファイア

ミステリアスな一面もあるサファイアに対し、どこまで踏み込んでいいのかわからず、最初は気を遣いすぎてしまうかもしれません。でもサファイアとあなたには、知的好奇心が強く、あまり枠にとらわれない考え方をするという共通点があります。思い切って心を許し合うと、気が合うことは間違いありません。仕事でも恋愛でも、互いに成長できる好相性です。サファイアは四天では動4・陽4。

エメラルド
とのつき合い方

◆エメラルドと仲よくするには?

　エメラルドは、「広く浅く」よりも「狭く深く」の人間関係を好みます。大人数ではなくサシで付き合うように心がけると、より早く打ち解けて心を開いてくれるでしょう。

◆エメラルドの落とし方

　相談を持ちかけられたり頼られたりするとエメラルドは喜びを感じます。ただし、ずかずかと入り込まれることは好まないので、いい距離感を保ちつつ上手に頼ることです。

◆ケンカした時＋仲直りのコツ

　エメラルドはなかなか我を曲げません。ケンカをしたら先に謝ってしまうのが得策。根は優しいので、「味方だよ」という態度を見せれば、すぐに仲直りできるでしょう。

◆エメラルドがウソをつく時

　こだわりが強いがために「好きなカフェに通い詰める」「居酒屋はココと決めている」

など同じ行動をとることが多い。そんなエメラルドがいつもと違う行動をしたら、何か後ろめたいことがある——ウソをついているサインかも。

◆エメラルドのセックスは?

　意外に身持ちが固く、それほど性に開放的ではない人が多いのですが、いったん心を許すと激しく求めることもあります。

◆エメラルドの浮気を防ぐには?

　エメラルドはそもそも浮気気質ではありません。もし他の誰かと関係をもつようなことがあったら、浮気に留まらず本気に発展する可能性が高いでしょう。それを防ぐには、束縛せず、かといって放置して寂しい思いをさせることもなく、というさじ加減が必要です。

◆エメラルドに言ってはいけない言葉

　「○○さんと比べて〜」「それに引き換えあなたは〜」など人と比較するような言葉。

エメラルドへの開運メッセージ

人と比べず我が道を行く。生来の強い意志と自立心に柔らかさをプラスする

なるべく早いうちにやりたいことを定め、人と比べずに自分の道を進む。そうすることで、あなた本来の魅力や美徳が輝き、幸せに生きられるでしょう。

エメラルドは愛や幸運、そして安定の象徴。安定してブレない強い気持ちが、あなたを幸せに導いてくれるでしょう。自立しつつも人から頼られる人になること、自分の強さをあまり見せすぎないように、より女性らしく装うことも開運につながります。

エメラルドの開運石

ルビー、ローズクォーツ、琥珀

人に対して強すぎるところがあるあなたは、穏やかな気質のローズクォーツや女性らしいルビーで適度な柔らかさを補完するといいでしょう。精神的に不安定になりがちな若いうちは、安定を補埴してくれる琥珀もおすすめ。

お金への意識が高い運命石

真珠
6

堅実で真面目な仕事ぶりが評価され、結果的にお金と名誉がついてくる運命石。真珠にとっては「堅実さ」こそが金運の鍵。ギャンブルや浪費にはまったく縁がありません。

トルマリン
7

とにかく入ったら入った分を「人のために」使ってしまう運命石です。気前よく奢ることは、トルマリンの人間関係において大事なことではありますが、奢るシーンを選ぶように。

水晶
8

積極的に動くことで金運が上昇。逆に言うと、じっと動かずにいるとお金に恵まれません。転職・起業・独立、どんな道でも積極的に行動する限り、金運は必ずついてきます。

ムーンストーン
9

お金に対する執着心が薄く、自身のお金の出入りについても無頓着。もっとお金に対する計画性をもちましょう。知性を武器に稼ぐ力はありますので、食いはぐれる心配はありません。

サファイア
10

お金への執着がさほど強くはないので、お金との縁が途切れないよう工夫が必要。本業でしっかり稼げますが、生来の頭脳で、副業や投資などお金との縁を深めるよう意識して。

金運ランキング

1 ローズクォーツ

お金を動かすことで、よりお金との縁が強まる「回転財」の運命石。金運は抜群に良いです。入った分だけ使う、入った分だけ投資するなど、とにかく「お金を回転」させて。

2 琥珀

お金を貯めることで、金運が上がる「倹約気質」の運命石。無駄遣いせず、コツコツ地道に貯めることに長けています。逆に、浪費すると一気に金運が下がります。

3 エメラルド

専門職などで「自分の道」を究めることで、お金が自然とついてくる運命石。自分の専門性を早いうちに見極め、コツコツ努力し続けることで財力が高まります。

4 ルビー

もともと金銭にはさほど困らない運命石。ただし堅実性や計画性に欠けるため、浪費には要注意。「欲しい！」と思っても衝動買いせずに、せめてひと晩は寝かせてみて。

5 アメジスト

繊細さゆえに何かに依存しがち。お金を稼ぐ能力はあっても、依存先にお金を注ぎ込んで手元にお金が残らないことも。何かに依存する前に、信頼できる人に相談するように。

トルマリンって
こんな人

◆∴   ∴◆

気配り上手なコミュニケーションの天才。
誰からも慕われ、
孤独・孤立とは無縁の人

たとえばクラスになじめない人がいたら、さりげなく声をかけて仲間に入れてあげる、それがあなたです。

相手を警戒させないような親しみやすい笑顔が魅力的。だから自然と周囲に人が集まり、休みの日は人と会う予定がいっぱいです。

親しみやすいと同時に頼れる姉御肌な一面もあり、気が付けばみんなのまとめ役やリーダーになることも多いでしょう。頼られれば惜しみなく手助けし、そのおかげで逆に自分が困ったときには人に助けられる。

そんなあなたは、孤独・孤立とは無縁の人生を送ります。

人に慕われ人に恵まれることこそ、トルマリンの天性。その資質を生かすことで最高の幸せを手に入れることができるでしょう。

天才的な社交力と協調性

トルマリン
~*Tourmaline*~

トルマリンのストーンパワー

集団の中で光り輝く
強力な求心力の持ち主

の宿命

接客業、営業職から
クラブのホステス、ママまで。
人を相手にする仕事で天性を発揮

コミュニケーション上手なあなたは、接客業や営業など人を相手にする仕事が向いています。

昼の世界の営業や接客、交渉など人と関わる仕事はもちろんのこと、夜の商売でも天性を発揮。大勢で盛り上がるクラブのホステス、さらには上客からは信頼され、女の子たちからは頼られる、やり手のママにまで上り詰める人もいるでしょう。

明るく親しみやすい笑顔に快活な話し方、誰に対しても物怖じしない態度で、あなたはいつも周囲の人気者です。天性が発揮されるのは人を相手にする職種ですが、それに限らず、どのような職に就いてもリーダ

36

トルマリン

一を任されることが多いでしょう。

たとえば学生時代のアルバイトで、いつのまにかバイトリーダー的な立場になっていた――といった経験がある人も多いはず。そんなあなたですから、本格的に社会に出てからも人に慕われ、信頼され、頼られながらイキイキと働くことで、いっそう生来の魅力が輝きます。

集団の中で光り輝き、組織人として出世する可能性も輝きます。

一方、その優れたコミュニケーション能力と統率力から事業家・起業家として成功できる可能性も大。社長として組織を率い、みなを大きな成果に導く才覚には素晴らしいものがあります。

トルマリンは四天で見ると、動3・陰1。時代が変化する時に力を発揮するタイプで、また外交的な性格とは反対に、本質的には少しだけ受動的です。あなたのコミュニケーション能力の高さは、外交的でありながらほんの少し受動的な面があることでバランスが取れ、人の気持ちに寄り添うことができるのでしょう。その求心力は押しの強さによるものではなく、優しさと芯の強さによるものなのです。

トルマリンの恋愛・結婚運

適度に放っておいてくれる人を選ぶ。
結婚後も「人とのつながり」を大切に

明るい性格のあなたは集団の中で目立ち、合コンでもいち早く注目を集めるタイプです。友だちから恋人へと発展する恋愛が吉ですが、親密になってくるとサバサバした雰囲気にどんどん甘さが加わり、相手に驚かれるかもしれません。とはいえ束縛は嫌うため、2人で過ごす時間を増やしたい相手だと少し辟易し、相手からも不満を抱かれてしまうかもしれません。しかし無理をして相手に合わせるとストレスが溜まるだけ。適度に放っておいてくれる人を選んだほうがいいでしょう。

結婚したら、家庭に入るより、変わらず働いたほうが家庭もうまくいくケースが多いでしょう。仕事を辞めたとしても、ボランティア活動や習い事など人とつながる機会を絶やさないことが幸せにつながります。

トルマリンの金運

交際費がかさみすぎないよう、気前のよさを抑える

とにかく交友関係が広いあなたは、主に人との外食で散財しがちです。自然と周囲に人が集まってくるため、勢いで気前よく奢ってしまうことも多いのでは。

あなたの出費のかなりを交際費が占めているので、気前のよさを少し控えるように心がけること。ケチになれ、人付き合いを減らせとは言いませんが、「ここで奢る必要はないかな」と自問自答し、自制することが金運アップにつながります。

トルマリンの健康運

胃腸の不調に要注意

人付き合いが多いと、ついつい食べ過ぎ、飲み過ぎに陥りがち。そんなあなたの不調は、消化不良など胃腸から始まることが多いでしょう。時には外食を控える期間を設け、あまり夜遅くに食べないこと、消化のいいものを選んで食べることなどを心がけてください。喉にも気を付けて。

人と人をつなぎ、まとめる名手。
年長者ともうまく付き合えたら最強

あなたの最大の才能は「人と人をつなぐこと」。様々な能力や性格を持つ人々をつなぎ、まとめる能力は生まれ持ったものといえます。

複数の人間が集まれば、トラブルはつきものです。そんなときに、みなに頼られるのもあなたです。すでに周囲から「まとめ役にはこの人が適任」と思われているので、トラブルを収める役目が回ってきがちなのです。

もともと調整能力は高いため、あなた自身もそれがあまり苦ではありません。もちろん時には「またか……」と思ってしまうこともあるかもしれませんが、それでも面倒がらずにみなをまとめることが自分の使命

トルマリン

なのだと心得て事に当たるといいでしょう。

また、努めて出会いを求めなくても、自然と良いご縁に恵まれやすいのもあなたの強み。学生時代の恋人と結婚するなど、比較的若いうちに運命の相手と出会う人も多いでしょう。

そんなあなたにも、一つ人間関係で苦手なことがあります。

それは目上の人とのお付き合い。適当に同意しておけばいいような場面でも、つい自分の意見を強く言ったりして生意気だと思われがちなのです。そこで損をするのは自分ですから、やんわりと受け入れることや受け流すことを覚えましょう。そうすれば人に慕われ、信頼されるトルマリン本来の魅力がいっそう強化されます。

「人と人をつなぐ」という最大の才能を、多方面でめいっぱい発揮していきましょう。たとえば困っている人がいたら、その解決に力を貸してくれそうな適任者を紹介する、といったこと。このように周りの人たちを大切にすることこそ、あなたの開運の鍵なのです。

あ の 人 の 相 性 ··✦

時代に力を発揮し、受動的かつ秘めた芯の強さがあります。そ
源です。四天は、各運命石の基本的な気質がわかります。

トルマリン ╳ トルマリン

お互い人付き合いを大切にするため、悪くない相性。組織の中では
いいコンビになります。難点を挙げるとすれば、意見が食い違ったと
きに平行線になりがちなこと。恋愛・結婚では、お互いが同じ感覚で
いるうちは大丈夫ですが、相手の我の強さが気になり始めると破綻
します。「似た者同士でも別人格」「親しき中にも礼儀あり」の精神を
忘れずに。

トルマリン ╳ アメジスト

アメジストは、あなたにとって「守ってあげるべき存在」。アメジストは
自分の世界を大事にするので、時にはそっとしてあげることも必要
ですが、急に離れると寂しがらせてしまいます。相手の心の浮き沈み
を理解し、気遣いながら上手く付き合えるのはトルマリンならではの
特質。結婚相手なら、家でもあなたが気を遣うことになり少し疲れて
しまうかも。アメジストは四天では動 1・陰 5。

トルマリンと

トルマリン × エメラルド

エメラルドは、芯がしっかりしていてブレません。そこにあなたの社
交性が加われば、仕事でもプライベートでも最強のコンビになるで
しょう。恋愛・結婚でも、我が強くて負けず嫌いのエメラルドですか
ら、あなたは聞き役に徹すること。もし対立しても一方的に言い負か
したりせず、相手の意見を尊重し、よい加減にエメラルドに合わせ
つつリードすると吉。エメラルドは四天では動3・陽3。

トルマリン × ルビー

愛嬌たっぷりのルビーと社交的なトルマリンは相性ばっちり。恋愛・
結婚でも、友人としても最高の相性です。一緒に何かをするときはト
ルマリンが計画を立て、ルビーが盛り上げるという役割分担が自然
と機能し、とても楽しく過ごせます。おおらかにあなたの良さを認め
受け入れてくれる器の広い相手です。ただし束縛は禁物です。ルビ
ーは四天では静2・陽4。

トルマリン ✕ 琥珀

石のタイプでいうと、トルマリンは「動」、琥珀は「静」。正反対の気質の持ち主なので、わかり合うことが難しい相性。仕事では、第三者を交えて役割分担するならうまくいくでしょう。恋愛・結婚では、あまりに価値観が違うのと、相手の細かさにあなたが嫌気がさすことも。あなたがリードしつつも家庭をなるべく顧みて互いの妥協点を見つけることです。琥珀は四天では静3・陰3。

トルマリン ✕ 真珠

真珠はプライドが高くてとっつきにくいのですが、そこは社交的なあなたですから、うわべの付き合いなら特に問題はないでしょう。関係性を深めようと思うと、あなたが相手に気を使わなければいけない相性です。恋愛や結婚の場合は、お互い華やかな者同士、結びつくのは早いかもしれませんが、長続きさせるにはかなりの努力や話し合いが必要です。真珠は四天では静1・陰5。

トルマリン ✕ ムーンストーン

知的で優しいムーンストーンは、あなたにとって何でも相談できる存在。上司や先輩としては最高の間柄です。恋愛・結婚においても、母性の強い相手はあなたに尽くしてくれる最良の理解者。関係が深まるほど、居心地の良さを感じるでしょう。ただしムーンストーンは完璧主義なところがあるため、礼節をわきまえることが良好な関係を続ける秘訣です。ムーンストーンは四天では静5・陰3。

トルマリン × ローズクォーツ

個性は違うのですが、お互い人気者で目立つため、一緒にいると華やかなコンビ。あくまでも浅い友人関係に留めるならば好相性。仕事としても、相手はあなたの意見も聞いて認めてくれるため良い相性です。ただし、恋愛・結婚では、お互い八方美人でありながら、内に秘めた自己主張が爆発すると感情的なぶつかり合いになるため要注意です。ローズクォーツは四天では静1・陽5。

トルマリン × 水晶

水晶はトルマリンと同様にパワフル。仕事上の関係では非常に好相性です。友人としては、猪突猛進型で強引な水晶に腹が立つことはあっても、相手に悪気がないことはわかっているので縁が切れず長く付き合うでしょう。恋愛・結婚でも、喧嘩も多いのですが、相手の要求の強さに戸惑いつつも大人な気持ちで受け入れてあげることで、意外に長く続く相性。水晶は四天では動5・陽5。

トルマリン × サファイア

サファイアはとても面倒見がいいので、同じく面倒見のいいあなたとは心から打ち解けられます。人を率いることにも長けているあなたですが、頭がよくクリエイティブなサファイアとの関係においては、相手にリードしてもらったほうがうまくいきます。恋愛、結婚では、相手はあなたになら非常にかいがいしく面倒を見るため良縁と言えるでしょう。サファイアは四天では動4・陽4。

トルマリン
とのつき合い方

◆トルマリンと仲よくするには？

リーダーとして立て、頼ること。人の世話
やお願いには快く応じてもらえるでしょう。

◆トルマリンの落とし方

トルマリンは社交性が高く、周囲を気遣う
ため、仲よくなるのはあまり大変ではありま
せん。グループで会っているときも自然にし
ていれば、特にアプローチしなくてもトルマ
リンのほうから話しかけてくれるでしょう。

◆ケンカした時＋仲直りのコツ

トルマリンには頑固なところもあるため、
たとえば頼りすぎて勝手なことを言うと怒り
を買う場合があります。怒ると口を利かなく
なることも。そこで主張合戦になると我の強
さを競う形になるため、まず、先に謝ってか
ら話し合うほうがいいでしょう。

◆トルマリンがウソをつく時

トルマリンはウソをつくのが上手です。見

抜くのは難しいのですが、強いて言えば、い
つもよりゆっくりな話し方に変わるなど、確
認しながら話すため、話し方に変化がありそ
う。

◆トルマリンのセックスは？

男女ともに肉体性よりも精神性を重んじる
傾向があり、セックスも比較的あっさりして
います。肉体的なつながりを重視する運命石
と付き合うときは、ある程度、相手に合わせ
ることも大切になるでしょう。

◆トルマリンの浮気を防ぐには？

社交的なトルマリンを見ていると不安にな
るかもしれませんが、束縛は逆効果。社交性
と浮気性はまったくの別もの。ただし放って
おきすぎて寂しがらせるのも良くありません。

◆トルマリンに言ってはいけない言葉

束縛、執着、コントロールを感じさせる言
葉。命令や指示は嫌いです。

トルマリンへの
開運メッセージ

なるべく人間関係を広げる。
人を率いる立場に身を置く。
頑固な一面は控えめに

　トルマリンの別名は「電気石・磁石」です
から生来のリーダー気質や人をつなぐ力を信
じること。たとえ自分では苦手、向いていな
いと思っても、なるべく外に出て様々な人と
出会ったり、人を率いる立場に自分を置いて
みたりすることが、生まれながらの才能の開
花につながります。

　その際に重要なのは、実は頑固で我が強く、
負けず嫌いな一面をあまり表に出さないこと。
自然と周りに人が集まり、慕われる気質を活
かすことで、どんどん運が開けます。

トルマリンの開運石

エメラルド、ローズクォーツ、ムーンストーン

ローズクォーツの優しさや、ムーンストーンの母性で、トルマ
リン生来の人当たりのよさが補強されます。また、協調性が
高いばかりに人付き合いにストレスを感じたら、我が道をゆ
くエメラルドを持ちましょう。

人付き合いのうまい運命石

6 真珠

気高くエレガントな真珠は「親しみやすさ」には欠けるところがあります。また無神経な人やルーズな人は苦手で、付き合う人を選びます。本当に心を許せる人を選びましょう。

7 ムーンストーン

基本的には、人間関係全般において器用です。しかし、いったん親しくなると相手の急所を突く発言で敵を作りがち。また強い母性愛から相手に過剰に求める傾向も。干渉は控えめに。

8 水晶

純粋で正直ゆえに人間関係は不器用。ストレートな発言から誤解を招き、トラブルもしばしば起きます。不用意な発言は控えること。良き理解者を見つけることで人生が好転します。

9 エメラルド

マイペースで頑固ゆえに、人に合わせることが苦手。広く浅い付き合いよりも、狭く深い付き合いが性に合います。本当に信用できる家族や友人を得て、深く付き合うのが幸運の鍵。

10 アメジスト

繊細さゆえに人間関係においての浮き沈みが激しく、常に喜怒哀楽にあふれています。アメジストをそのまま受け入れてくれる大人な理解者を得ることで、人間関係が安定します。

コミュニケーション力ランキング

トルマリン

人と人をつなぐことに長けている運命石。コミュ力の高さでは運命石の中でもダントツです。恋愛面でも自然と良いご縁に恵まれます。人を大切にすることでますます運が開けます。

ローズクォーツ

優しさと面倒見のよさから、自然と人が集まる運命石。困った時でも、不思議と誰かが助けてくれます。その幸運は、単なるラッキーではなく、自身の無償の優しさによるものです。

サファイア

あふれる好奇心と大胆な行動で、自然に仲間が増える運命石。でも、実は好き嫌いが激しく、深く付き合う人とそうでない人をはっきり分けています。腹の底が見えづらい部分も。

ルビー

飾らず、裏表のないルビーは、とにかくモテます。純粋で愛嬌たっぷりの人柄は武器にもなりますが、嫌われる要因にも。公的な場では、自分を律するよう心がけて。

琥珀

誠実で控えめな琥珀は、周囲からの信頼をがっちり得るタイプ。特に家族の中では、発言力が強く、常に中心的な存在になります。

ルビーって
こんな人

子どものように純粋で天真爛漫。
明るく華やかな楽しみ上手

明るく大らかな人柄で、楽しいことが大好き。遊ぶこと、食べること、ファッション、趣味、仲間……、好きなことを自由に謳歌し、人生を大いに楽しみます。華やかで天真爛漫、持ち前の愛嬌と色気で周囲を惹きつける小悪魔的な魅力の持ち主です。

その反面、何かを根気よくがんばるのは得意ではなく、周囲からうるさく言われることも、面倒なことも好みません。そのため周囲の目には「のんびり屋」「怠け者」と映るかもしれませんが、見方を変えれば、あまり執着がないということ。子どものように純粋な心で、ただ好きなことをしていたいだけなのです。少し気分屋ではありますが、本当に好きなことを見つけたら、とことん追求する一面もあります。

生まれ持った華やかな魅力
ルビー
〜Ruby〜

ルビーのストーンパワー

天然の愛されキャラで
人も運も味方につける

仕事も自分の自然体で楽しむ。
華やかな業界が天職。
人に奉仕する職にも適性あり

ルビーは本来、楽しみながら仕事をする人です。発想力と表現力が非常に豊かなため、美容、アパレル、メディア、芸能、エンターテインメントなど華やかな業界全般で活躍できるポテンシャルがあります。

ライター、美容師、パティシエ、広報、アナウンサー、タレント、モデルなど、自身が広告塔となるような場所で、生来の素質が活きるでしょう。

豊かな発想力と表現力が芸術的な才能に向かえば、持ち前の明るさでパフォーマンスや宣伝も上手にこなす、自由な芸術家としての人生もありえます。

また、ルビーは愛嬌があって楽しいことが大好き、盛り上げ上手でも

ルビー

あるため、ホステスなど夜の仕事にも向いています。上客からの指名が引きも切らないナンバー1になる素質は十分です。

もともと執着心が薄いルビーは、収入額にそれほどこだわりません。堅実に生きることは性に合わず、貯金も苦手。それでも何となく周りに引き立てられて、金銭面でも助かってしまうというラッキーな石です。

お金のために我慢するくらいなら、多少低い収入でも自分が自然体で楽しめたほうがいい。どこか「稼ごうと思えばいつでも稼げる」と楽観しているところもあり、職業選択においても「高いお金を得られるかどうか」よりも「自分が楽しめるかどうか」を重視する傾向です。

それだけに、お堅い仕事には向いていないのですが、意外と人に奉仕することには喜びを感じます。エステティシャンや介護士、マッサージ師として活躍する人も多いでしょう。

ルビーは四天で見ると、穏やかで平和な時代に魅力を発揮するタイプです。また陽気なパワーで周囲を明るく照らす力があります。

情熱的で束縛を嫌う恋多き女性

気がついたらモテている。

あなたは恋に情熱的で、気に入ったらまめに話しかけ、仲よくなろうと自らアプローチし、短期戦で狙った相手を射止めることができるでしょう。

いつも自然体で、話しやすく親しみやすい。加えて華やかで女性らしい雰囲気もある。

そんなあなたに周囲が引きつけられ、気づいたらモテているのです。

したがって恋愛遍歴も豊富になる傾向があります。

あなたは束縛を嫌う自由人ですから、適度に放任しつつ一緒にスポーツや旅行などアクティビティを楽しめるような人を選ぶと、恋愛関係が長続きしやすいでしょう。

ルビーの金運

財布の紐を
しっかり締めて。
浪費癖を改める

　堅実性や計画性に欠けるところがあり、浪費癖もあります。

　特に自分を華やかに彩ってくれそうな洋服やアクセサリーを見つけると、一気に財布の紐が緩んでしまうところもあるでしょう。

　人に助けられるあなたは、もともと金銭にも困る運命石ではないのですが、それでも浪費癖が過ぎれば身を滅ぼしかねません。

　「欲しい！」と思ったら、まず一呼吸置き、改めてそれをよく眺めて「本当に欲しいかどうか」を考える癖をつけるといいでしょう。

ルビーの健康運

不規則な生活を正す

楽しそうなことがあったら飛びつきがちで、あまり深く考えずに行動することが不調や病気の原因に。自制や計画性とは縁が薄いあなたですが、健康のためには、就寝時間や起床時間を決める、運動や健康的な食事を日課にするなど、少しでも規則正しい生活を心がけて。

生来のサービス精神で人を楽しませる。計算のない「かわいげ」こそ最大の武器

明るい雰囲気が魅力のあなたは、存在しているだけで女性からも男性からも好かれます。裏表がなく、飾らず、常にありのままの自分で人と接するため、初対面でいきなり砕けた口調になっても不思議と受け入れられるところがあります。

話がおもしろくて相手を飽きさせないのもあなたの魅力。生来のサービス精神で会話を盛り上げます。

通常だったら相手が怒っても仕方ないような発言をしても、子どものように純粋で愛嬌たっぷりのルビーは不思議と許されてしまう。そのかわいげこそが、あなたの最大の武器であり正義なのです。

ルビー

そういう気質は、ともすれば「あざとい」「ぶりっ子」（表現が古いですが……）と受け取られ、嫌われる要因になりかねないのですが、ルビーの場合は違います。

ルビーのかわいげは意図的に狙ったものではなく、あくまでも自然体の自分から醸し出されるもの。周囲にも何となくそれが伝わっているため、たいていは許されてしまうのです。

それでも、ルビーの自由奔放さや、無邪気な愛嬌たっぷりの振る舞いを好まない人はいます。「失礼な発言が気になる」「礼儀がなっていない」「いい加減で信用できない」などのネガティブな印象を抱かれることもあるでしょう。

常に自然体であることが魅力のルビーですが、こうしたリスクを回避するためには、特に仕事など公的な場面で人との接し方を律することを覚えたほうが身のためです。

とはいえ、ウソがなく自然体で愛されるのがルビーの気質。基本的にはありのままの自分で人に好かれる人生となるでしょう。

あの人の相性…✦✦

ると静2・陽4

の時代に力を発揮し、かつ陽気で大らか、明るく能動的な個性的な気質がわかります。

ルビー✕トルマリン

波長が合い、穏やかで一緒にいるだけで楽しい好相性。2人揃うと人間関係がより広がります。2人で組んで何かをする場合、計画が苦手なあなたは、リーダー資質のトルマリンの指示に従うのが得策。仕事仲間としても相手があなたを優しくフォローしてくれるため、プラスになることばかりです。恋愛・結婚においても理想の関係といえるでしょう。トルマリンは四天では動3・陰1。

ルビー✕アメジスト

ルビーは天真爛漫な自由人。アメジストは傷つきやすい繊細さん。あなたはアメジストの細やかさを理解できず、アメジストはあなたの気楽さを理解できない——違いすぎて関係を築きづらく、仕事関係だと全く合わない相性。恋愛・結婚だと意外にうまくいきますが、相手のネガティブさやヒステリックさをおおらかな気持ちで受け流すことが良い関係のコツ。アメジストは四天では動1・陰5。

ルビーと

ルビーは四天で見

四天で見るルビーは、静（穏やかで平和）
です。四天は、各運命石の基本的な気質

ルビー✕エメラルド

- -

自立していてリーダー気質のエメラルドは、あなたにとって頼りにな
る存在。華やかさと愛嬌が強みのあなたとは正反対だからこそ、互
いを補う名コンビになります。非常に大切にしたい相手ですが、相手
の優しさに甘え過ぎると問題が起こるのでギブアンドテイクの精神
を忘れずに。それさえ気を付ければ仕事でも、恋愛・結婚でも落ち着
いたカップルです。エメラルドは四天では動3・陽3。

ルビー✕ルビー

- -

2人一緒になると生来の華やかさが倍になり、いるだけで目立つで
しょう。楽しいことが大好きな者同士、友人や遊び相手としては最高
です。恋愛・結婚相手としてはそこまでベタベタせず、友達の延長線
上でフランクに付き合うことが長続きする秘訣。互いにややルーズ
なところがあり、堅実性や計画性は低いため、仕事相手としては好
相性とはいえません。

ルビー×琥珀

穏やかで保守的な琥珀はあなたとは正反対の気質ですが、不思議
と気が合う相性。仕事でも、恋愛・結婚でも互いに無いものを補い、
助け合う良い関係です。基本的には、奉仕タイプでもあるあなた
が琥珀に尽くすことが多いでしょう。ただし、あなたの怠惰さが出る
と、堅実な琥珀に嫌われてしまうかも。そこさえ注意して付き合えば
平和な関係が永続します。琥珀は四天では静3・陰3。

ルビー×真珠

真珠は表面上は柔和、だけど気難しい面があり、あなたのほうが気
を遣う関係になります。愛嬌たっぷりのあなたの魅力も、真珠には効
力を発揮しません。恋愛・結婚でも、最初は相手があなたに合わせ
てくれますが、あなたに思いやりがないと大きなトラブルが起こるか
も。明るいフォローが肝要です。仕事上では、真珠に従い、真面目に
やらないと認めてもらえません。真珠は四天では静1・陰5。

ルビー×ムーンストーン

母性あふれるムーンストーンは、子どものようにピュアなあなたの面
倒をよく見てくれます。ただし、行き過ぎると、相手の理屈っぽさやお
節介を煩わしく思うことも。とはいえ、ムーンストーンはあなたにとっ
て学びの多い相手。恋愛・結婚でも、仕事でも、あなたにとって尊敬
できるところが多く、アドバイスに耳を傾けることで成長の可能性が
開けます。ムーンストーンは四天では静5・陰3。

ルビー × ローズクォーツ

- -

ローズクォーツは人に合わせるのが得意なので、あなたの自由気ま
まな面も、ストレスなく上手に付き合うことができます。あなたの奔
放な言動もプラスに捉え、何かと気遣ってくれるはず。お互い思いや
りを持って認め合い、助け合える良い相性。仕事だけでなく、恋愛・
結婚でも最高の相性ですが、お互いモテるため、ライバルが現れた
ときは注意が必要です。ローズクォーツは四天では静1・陽5。

ルビー × 水晶

- -

のんびり屋のルビーとせっかちな水晶は、互いに理解しようとして
もなかなか難しい相性です。意見の対立では、あなたのほうが折れ
ないと収拾がつきません。執着がなく、根に持たないルビーらしさで、
仕事ではビジネスライクに淡々と受け流して。恋愛・結婚でも、ケン
カが多い2人ですが、お互いさっぱりしているため、歩み寄ることが
仲良くやる秘訣。水晶は四天では動5・陽5。

ルビー × サファイア

- -

サファイアは、ルビーとはまったく異なるタイプの輝きを持つ石なの
で、いい相性とはいえません。恋愛・結婚では、お互いに譲り合う気
持ちを持つことが、衝突を避けながら関係を構築するコツです。広
い心で自由を認め合うよう心がけて。仕事では、頭のいいサファイア
が、のんびり屋でルーズな面のあるあなたに苛つく可能性も。注意
が必要です。サファイアは四天では動4・陽4。

ルビー
とのつき合い方

◆ルビーと仲よくするには？

自由を認めてあげること。大らかに甘やかして、褒めること。ルビーは好かれることにいい加減に相槌を打っている時は悪気なくウソが混じっているかも。

コントロールしようとしたりすると逃げてしまいます。ルビーを動かしたいときは「指示・命令」ではなく「提案」で。

慣れているため、否定的なことを言ったり、

◆ルビーの落とし方

美味しい食事や楽しい遊びに誘われるとなびきやすいでしょう。ただし、自由で気分屋のルビーに翻弄される覚悟は必要。

◆ケンカした時＋仲直りのコツ

ルビーは根に持つタイプではないので、「ごめんね」の一言であっさり仲直りできるでしょう。気分屋のルビーのために、楽しい気持ちになれるようなプレゼントをするのも◎。

◆ルビーがウソをつく時

ルビーはウソつきではないのですが、面倒

◆ルビーのセックスは？

自然体でモテてしまうルビーは、性にも比較的オープンだし、本来はセックスが大好き。「来る者を拒まず」なところがあり、それがトラブルの原因になることも。

◆ルビーの浮気を防ぐには？

好奇心が強く移り気なルビーを飽きさせないよう、魅力的に振る舞うことです。デートでは次々と新しい未知のアクティビティを提案し、マンネリを防ぐ努力も必要でしょう。

◆ルビーに言ってはいけない言葉

「禁止」を思わせる言葉。注意されるのも嫌いです。注意するときは、先に褒めたうえでやんわりと伝えましょう。

ルビーへの開運メッセージ

欲を出し過ぎないこと。自然体で流れに逆らわず、楽しく正直に生きる

ルビーは自然体でいてこそ、その魅力と能力を最大限に発揮できます。無理をしたり、欲を出し過ぎたりするとうまくいきません。

ルビーの石言葉は「情熱」「良縁」「勝利」。裏表がなく飾らない、子どものように無邪気なパワーが良縁を引き寄せ、結果的に人生の勝者となるでしょう。

ただし組織の中では、自然体であることがマイナスに働いてしまうことも。周囲を見て合わせることも覚えると無敵になれます。

ルビーの開運石

エメラルド、真珠、水晶、琥珀

努力や計画が苦手、無邪気、気分屋、それでも許されるのがルビーですが、エメラルドで芯の強さを、真珠で品を、水晶で行動力と根性を、琥珀で堅実性を補うと、もう少し地に足をつけて生きられるようになるでしょう。

浮気が心配な運命石

ムーンストーン

6

セックスによる愛情表現を強く求めるため、そこがうまく満たされないと浮気に走ることも。ただウソをつくのがうまいので、浮気をしてもほとんどバレません。

エメラルド

7

そもそも浮気気質ではないエメラルド。もし他の誰かと関係をもつことがあれば、それは浮気ではなく本気の愛へと発展する可能性が高いです。一度離れた心を取り戻すのは至難の業です。

水晶

8

ウソをつくのが苦手な水晶にとって、相手にバレてはいけない浮気は面倒以外の何物でもありません。基本的に一途なのでほぼ心配はいりませんが、水晶の愛情に報いるよう心がけて。

琥珀

9

真面目で保守的な琥珀は、性に関しても同じ。浮気などは別世界の話です。ただし、何よりも家庭を大事にする琥珀が、家庭に不安を感じてしまうと浮気の可能性もゼロではありません。

真珠

10

「きちんとしていること」を好むため、浮気はあり得ない話。人様に言えないようなことや自分を許せないようなことは絶対にしません。たとえ浮気をしても、完璧なウソで隠し通します。

浮気度ランキング

ルビー

好奇心が強く楽しいことが大好きなルビーは、美味しい食事や楽しい遊びの誘いについつい乗ってしまいます。モテるうえに、来る者を拒まないルビーは浮気の心配も尽きません。

トルマリン

性については比較的淡泊なトルマリン。ただし、何と言っても社交力ナンバー1。付き合いの広さから心配が絶えません。特に男性のトルマリンは家庭を大事にしない傾向があります。

ローズクォーツ

みんなにモテたい恋愛気質のローズクォーツ。浮気にもさほど罪悪感を抱かないタイプです。「浮気は一時の気の迷い、戻れば良し」として許容されると、かえって浮気できません。

アメジスト

繊細で寂しがり屋なため、放っておかれることが苦手です。寂しさから浮気に走るケースが多いのがアメジスト。アメジストは寂しがらせないよう、常に関心を寄せることが大事です。

サファイア

サファイアは性に対しても好奇心旺盛でオープン。その好奇心は、いろんな人との関係を楽しみたいというよりも、いろいろなことを試してみたいというフェティシズムに走りがち。

アメジストって
こんな人

自分の世界に生きる孤高の精神。
情熱的な芸術家肌の人

非常に感受性の豊かなロマンチストで、繊細な雰囲気の持ち主です。集団に迎合するよりも、孤高とも言える自分の世界に生きています。頭の回転がとても速く、内に秘めた情熱もありますから、それが反骨精神や批判精神となって爆発することもあるでしょう。

繊細さが高じて閉じこもり気味になることもありますが、実は人から憧れられるような豊かな才能、優しさ、感性の持ち主です。何事も大らかに構えてマイナスな思い込みを手放し、自分の世界観を表現の世界に向けるようにすると生きやすくなるはずです。

芸術家肌の強い個性から、平凡な幸せは望みにくいかもしれませんが、心を許した相手との人情味あふれる付き合いが救いになるでしょう。

繊細さに秘められた個性と情熱

アメジスト
〜Amethyst〜

アメジストのストーンパワー

鋭い感受性と豊かな才能、
唯一無二の個性を発揮する

人並み外れた創造性でカリスマに。
勘の鋭さ、優しさを活かせば
人を癒す職業でも活躍

芸術家肌で繊細、ガラスのハートの持ち主のため、組織の一員として周囲ともうまくやりながら、バリバリ仕事をこなせるタイプではありません。

それよりは優れた感性や美的感覚、創造性を活かせる仕事——文筆家、作家、音楽家、建築士、漫画家、画家、役者、スタイリスト、ヘア&メイクアップアーティスト、インテリアやファッションのデザイナー、インフルエンサーなどに向いています。

勘が鋭く、人の気持ちを汲みながら接する繊細な優しさも持ち合わせているため、ホステスなど夜の商売や占い師、探偵などで才能を開花さ

アメジスト

せる場合もあるでしょう。さらには介護士、看護師、整体師、エステティシャン、マッサージ師、ヒーラー、ネイリスト、美容師など、人を癒すことにつながる職にも適性があります。

繊細でありながらも、負けず嫌いで己を曲げないところがあるあなた。

その気質が、人並み外れた感性や創造性とも合わさってプラスの方向に働くと、他を圧倒し、惹きつけ、巻き込みながらカリスマ的な成功を収める可能性もあります。

そのためには感情をコントロールする訓練が必要でしょう。特に人間関係において、あなたは人のマイナス点にとらわれがちです。相手の言葉を適度に受け流すことや、人のプラス面に目を向ける努力をすると対人面でのバランスが取れ、より才能が開花しやすくなります。

アメジストは四天で見ると、比較的穏やかな時代に最も力を発揮します。鋭い感性のあなたは、他の誰よりも時代の変化を敏感にキャッチします。時代を先取りするあなたの能力は、一目置かれるものがあります。

アメジストの恋愛・結婚運

独占欲を抑え、多くを求めない。愛情と同情の区別も必要

アメジストの感性の鋭さが、よくも悪くも一番現れるのは恋愛かもしれません。恋愛になると、あなたの弱さや寂しがり屋なところ、時に嫉妬深さが顔を出します。一人が好きでありながら、やっぱり恋人には理解してもらいたい、認めてもらいたいという気持ちが人一倍強く、独占欲も強い。そのため、相手を縛ろうとしたり、突発的な行動で相手を困らせてしまったりしがちなのです。

逆に、優しいあなたが相手に押しまくられて情に流され、つい受け入れてしまうということもあります。きちんと自立して相手に依存しないこと。多くを求めすぎないこと。そして愛と同情をはき違えないこと。

そう心得ておくと、素敵な恋愛関係を結ぶことができるでしょう。

アメジストの金運

繊細すぎるがゆえの依存性質に要注意

繊細な感性が裏目に出てしまうと、寂しさや傷つきやすさを埋めるために何かに依存しがちになり、その依存先にお金を注ぎ込んでしまう恐れがあります。

買い物依存、ホスト依存、収集癖などにより、せっかく己の独特の感性で得たお金がほとんど残らないという残念な金運になる恐れもあります。

恋愛依存も含め、「悪意のある相手に騙される」より先に「自らのめりこんでしまう」という依存性質には要注意です。

アメジストの健康運

メンタルケアを第一に考える

人一倍繊細なあなたは、まず精神的に弱り、それが肉体にまで発展して健康状態が崩れるタイプ。精神状態を安定させることこそ健康の鍵です。1人を好むあなたには、森林浴や神社仏閣巡りなど自然と触れることが一番のストレス解消法、精神安定剤になるでしょう。

感情の起伏が人間関係を難しくしがち。
包容力と理解力の
高い人と付き合うと◎

　喜怒哀楽が激しいアメジストの人間関係は、傷ついたり嫉妬したり、寂しくなったり不安になったりとドラマチックです。

　あまり自分を強く押し出すタイプではありませんが、心の奥底では好き嫌いが激しく、一度嫌いになったら、なかなか復活しないのがあなたの特徴です。気難しくて負けず嫌いなところがあるので、自ら敵を作ってしまうことも少なくありません。

　ただし一度心を許すと、とことん優しく思いやりにあふれるのもアメジスト特有の気質。それにより、あなたに対する印象は、ある人にとっては「優しい」、別のある人にとっては「気難しい」など、人によって

アメジスト

まったく違っているかもしれません。

一人でいることを好みながらも寂しがり屋、束縛されたくないけれど、自分は相手を束縛したいなど、矛盾した一面もあるため、時には「一貫性のない人」と思われることも。トラブルを避けるためには、どんな人ともできるだけ分け隔てなく、接するように心がけることが必要です。

あなたは、なかなか人の嫌な面をさらっと受け流すことができません。ついネガティブな要素にとらわれ、一度「この人、嫌い」と思ったら心の扉を閉ざしがちです。仕事などでどうしても付き合わなくてはいけない場合は、相手の言葉を適当に受け流したり、相手のプラス面にも目を向けたりする努力も必要になってきます。

一方、友人にせよ恋人にせよ、プライベートで付き合う相手は、大らかで包容力のある「オトナな人」が望ましいでしょう。感性が豊かなあなたは、一人で自分と向き合い、深く考える時間が必要。そんなあなたの独自の世界観や感性、創造性を理解し、そっと見守ってくれる人がいたら最高です。

で 見 る と 動 1・陰 5

た静の時代に力を発揮します。受動的で消極性のあるアメジス
ッチすると他に類を見ないほど異彩を放つでしょう。

アメジスト✕トルマリン

社交的で気遣い上手なトルマリンはあなたと相性抜群。仕事でも、
恋愛・結婚でも、感性が鋭く繊細なあなたのことを理解し、優しく気
遣ってくれる最良の相手です。トルマリンもあなたに居心地のよさを
感じるので、一緒にいて癒し合える関係になるでしょう。トルマリンと
出会ったらきっと大きなプラスになるという、ずっと大切にしたい相
手です。トルマリンは四天では動3・陰1。

アメジスト✕アメジスト

感性が鋭く繊細な者同士、時間をかけるほどに互いの良さがわかる
相性。ただし、お互い束縛を嫌うため、気が合うからといってべった
りせず、一線を引いた付き合いをするのが長続きの秘訣。恋愛・結
婚なら一度ぶつかるとお互い感情を抑えられず爆発してしまうため、
相手の性質を理解したうえで泥仕合にならないよう注意しましょう。

アメジストと

アメジストは四天

四天で見るアメジストは、やや落ち着い
トですが、その神秘的な魅力は時代にマ

アメジスト ✕ エメラルド

お互い個性的なため、認め合い共感もできますが、近づけば近づく
ほど個性と個性がぶつかる相性。距離を置いて付かず離れず付き
合うほうがうまくいきます。恋愛・結婚では相手の束縛に悩みそう。そ
こさえ我慢できれば、相手はまめにあなたの世話を焼いてくれ、長
続きします。仕事仲間としては、歩み寄りの姿勢を持つことで良好な
関係を築けます。エメラルドは四天で見ると動3・陽3。

アメジスト ✕ ルビー

ルビーの天真爛漫でおおらかな気質は、アメジストにはないもの。
遠くから見れば、あなたの目には魅力的に映りますが、いざ近づい
てみると、ルビーの無邪気さからくるデリカシーのなさに戸惑いや怒
りを感じることが多いでしょう。仕事でも恋愛・結婚においても、思
い通りにはならない相手なので、良い距離を置いた関係でいるほう
がベストです。ルビーは四天では静2・陽4。

アメジスト ✕ 琥珀

気質的には合わない相性なのですが、どこか深いところで惹かれ合う不思議な関係です。たとえケンカ別れしても、なんとなくお互いずっと気になるような……。仕事上は「仕事の関係」として割り切る限り、役割分担してうまくやれるでしょう。恋愛・結婚なら、相手は優しくもありますが嫉妬深くもあるため、そこがあなたの鼻につかなければ大丈夫です。琥珀は四天では静3・陰3。

アメジスト ✕ 真珠

付き合い方に注意を要する相手。真珠は一見おとなしく見えますが、実はプライドが高く見栄っ張り。少しでも不用意な発言をすると傷つき、挙げ句の果てにあなたを見限るかも。とはいえ、真珠は真面目で実行力も行動力も高いので、うまく相手を立てて丁寧に扱えば、仕事上の関係も恋愛・結婚でもうまくいきます。あなたが調子に乗り過ぎないよう注意して。真珠は四天では静1・陰5。

アメジスト ✕ ムーンストーン

あなたとは正反対の個性のムーンストーン。仕事にも感情を持ち込みがちなあなたを、うまく論理的にフォローし、新しい視点を与えてくれる貴重な存在です。ただし、恋愛・結婚となると、最初はうまくいっても、時間が経つほどに衝突は避けられないでしょう。お互い自己主張を譲らず、会話も平行線になりがちで、相手の束縛にも疲れてしまいそう。ムーンストーンは四天では静5・陰3。

アメジスト × ローズクォーツ

繊細で気を遣いすぎるところのあるあなたですが、誰にでも優しく寄り添えるローズクォーツには、気の置けない居心地のよさを感じます。あなたの少し神経質な部分もよく理解し、さりげなく助けてくれます。あなたもそんな相手に尽くしたくなるので、お互い惜しみなくギブできる理想的な相性。ただし尽くしすぎると相手も息苦しくなるので、加減が大事。ローズクォーツは四天では静1・陽5。

アメジスト × 水晶

犬猿の仲とはまさにこの相性のこと。プライベートでは付き合わないほうが無難でしょう。仕事上でも一度揉めたら最後、どちらかが決定的なダメージを与えるまで止まらない泥仕合に発展する危険があります。恋愛・結婚においても、少し嫉妬深いところがある水晶は、あなたの言葉を自慢と受け取りがちなので、自分のことを話すときは要注意です。水晶は四天では動5・陽5。

アメジスト × サファイア

自由人で理想が高く、聡明で、決して型にはまらない。そんなサファイアを見ていると、あなたは強く心惹かれると同時に、劣等感や寂しさを抱くかもしれません。しかし、それは個性の違い、比べる必要はありません。恋愛・結婚では、相手ペースで付き合うことになりそうですが、気になることはマメに話し合いをしましょう。束縛を嫌うのはお互い様です。サファイアは四天では動4・陽4。

アメジスト
とのつき合い方

◆ アメジストと仲よくするには？

よく話を聞いてあげることです。時おり質問を挟みつつ、きちんと耳を傾けると、「この人はちゃんと向き合ってくれる」と好ましく思い、心を開いてくれるでしょう。

◆ アメジストの落とし方

アメジストは臆病で閉じこもりがちな人と、依存的に交流を求める人に分かれます。いずれにせよ、むしろ重く考えず気軽に声をかけたほうが乗ってきてくれる可能性が高いでしょう。

◆ ケンカした時＋仲直りのコツ

アメジストが存在を否定されたように感じると、一気に関係がこじれます。優しく相槌を打ちつつ、とことん話し合い、言いたいことが一番の浮気防止策になるでしょう。

◆ アメジストがウソをつく時

もともと正直で、ウソをつくのが下手な人

です。急に態度が冷たくなる、あるいは寂しそうにしているときに、バレバレの子どもっぽいウソをつくことがありますが、たいていはこちらの気を引きたいからです。

◆ アメジストのセックスは？

男女ともに雰囲気や心の繋がりを重視するため、ムードづくりが大切です。相手が寂しがらないよう、ガラスのハートを扱うつもりで、ロマンチックな演出をするといいでしょう。

◆ アメジストの浮気を防ぐには？

寂しがり屋のため、臆病でも浮気に走る人が少なくありません。ひたすら相手に対する関心を示し続け、決して放ったらかしにしないことが一番の浮気防止策になるでしょう。

◆ アメジストに言ってはいけない言葉

存在を軽んじるような言葉。バカにするような言葉。

アメジストへの 開運メッセージ

独自の世界観を大切に。「マイナスをプラスに変えるエネルギー」を生かす

あなたにしかない繊細な世界観を伝え、表現者として生きること、誰か・何かを育てたり世話したりすることで運が開けます。ただ、感受性が強く繊細な人だけに、常に心が不安定になりがちです。

もともとアメジストはマイナスのエネルギーをプラスに変える力を秘めた石。マイナス感情に囚われて深追いするよりも、ポジティブな感情で過ごす努力をすることで、いい運気を呼び寄せられるようになるでしょう。

アメジストの開運石

琥珀、ローズクォーツ、ムーンストーン

傷つきやすさは心の揺らぎやすさから来ているため、琥珀で安定感を補完。また、ローズクォーツで優しさと社交性を、ムーンストーンで母性と面倒見のよさを補うことで、自分の世界にこもりがちな孤高の精神が少し外に向くようになるでしょう。

国際的な大舞台で活躍する運命石

エメラルド
こだわりが強く不器用なため、世界を広げるとやや苦労するかもしれません。ただし、能力の高さは運命石の中でもトップクラスなので、世界進出を狙うなら、早めに布石を打ちましょう。

水晶
裏表のないまっすぐな気質の水晶。虚偽も多く、腹の探り合いや駆け引きが不可欠な海外とのやり取りには不向きです。とは言え、水晶を支える良き理解者がいれば海外進出もありえます。

ムーンストーン
努力を惜しまない勉強家なので、どんな分野でも活躍できます。ただし、平和主義で人と競い合うのが苦手なため、熾烈な争いをしてまで世界に出たいという野心がないようです。

真珠
何ごとも慎重で保守的な真珠にとって、「海外で働く」「海外に住む」ことは冒険的でリスクを伴うもの。海外へ活躍の場を広げるにしても、勝算を見極めたうえでの着実な歩みとなります。

琥珀
保守的で冒険を怖がる用心深さがあります。用心深さゆえ、海外への挑戦はかなりハードルが高いよう。広い世界より、狭い世界で主役になれる運命石です。

世界で活躍する
ランキング

サファイア

頭がよくて努力家、チャレンジ精神も旺盛なあなたは、グローバルに活躍する素質に溢れています。海外出張の多い仕事や海外を拠点にする仕事など、海外との縁が強い運命石です。

ローズクォーツ

アートや音楽など芸術家として大成する人も多い運命石。男女問わず、人から好かれる人気運は海外でも同じ。「人が運んできてくれるご縁やお金」によって世界でも活躍できます。

ルビー

少し気分屋ではありますが、好きなことを見つけたら一直線に追求するルビー。加えて発想力と表現力が非常に豊かなため、自由な芸術家としての人生もありえます。

トルマリン

とにかくコミュ力の高いトルマリン。その交友関係は国内外を問わず、留まるところを知りません。人とのご縁を大事にすることで開運するので、活躍の場も広いほど良いのです。

アメジスト

誰もが羨むような豊かな才能と感性の持ち主。文筆家、画家、音楽家、デザイナーなど、独特な感性を表現することで活躍の場は一気に広がります。カリスマ的な存在になることも。

ローズクォーツって
こんな人

男女を問わず慕われる、優しくて面倒見のよい人

そこに存在するだけで、なぜか人を惹きつけてしまう、あなたはそんな不思議な魅力にあふれた人です。

男性からも女性からも慕われますが、それは、あなたがとても優しくて損得勘定抜きに面倒見のよい女性だからです。そしてあなた自身、人から愛されたい、存在を認められたいという気持ちが強く、頼まれると「NO」と言えないお人好しなところもあります。

また、生涯にわたりお金と縁があるのもローズクォーツの特徴。しっかり貯めるというよりは、お金の出入りが激しいタイプでしょう。自身の魅力をお金に替えたり、人がお金を運んできたり。たとえ散財しても、なぜかまた入ってくる、そんな金運の持ち主です。

存在自体が人を惹きつける

ローズクォーツ
~ *Rose quartz* ~

ローズクォーツのストーンパワー

ホスピタリティと金運の強さで
絶妙なギブ＆テイクの人生に

医療からサービス、金融、政治、
多方面で活躍できる素質あり。
パトロンを得て芸術活動も◎

面倒見がいいあなたに向いているのは、人に奉仕する仕事。特に医師、看護師、エステティシャン、マッサージ師などは天職といえます。確かな知識や技術だけでなく、常に親身に人に寄り添うホスピタリティを兼ね備えたプロフェッショナルになるでしょう。

男女を問わず人から好かれることから、芸能関係やサービス業、夜の仕事などでも能力を発揮できます。

これらの職は、ただそこに存在するだけで人を惹きつける不思議な魅力を発揮できるところ。華やかな世界であっても、周囲から見上げられ、憧憬を集める「高嶺の花」というよりは、壁を感じさせない「親しみ

ローズクォーツ

やすさ」で人気を博すタイプです。

また、お金との縁が強いため、銀行や証券会社、個人投資家など金融関係の仕事にも向いています。その金運は「人が運んできてくれるお金」とも縁が強く、アートや音楽などの芸術家や政治家を志せばパトロンにも恵まれるでしょう。

現に、実在する芸術家、政治家にもローズクォーツを運命石とする人は少なくありません。芸術家に向いている運命石といえば、アメジスト、ルビー、サファイアなのですが、これらに勝るとも劣らず、ローズクォーツにも芸術界で活躍する人が多いのです。

それは才能を磨く本人の努力に加えて、不思議と人を惹きつける人間的な魅力と金運を持ち合わせた、ローズクォーツならではの性質の為せる業と言っていいでしょう。

ローズクォーツは四天で見ると、やや落ち着いた時代に活躍します。お金と縁の強いあなたは、陽気で積極的な個性を武器に、より強力な支援を受けられるでしょう。

ローズクォーツの恋愛・結婚運

不特定多数にモテたい恋愛体質。「来る者拒まず、去る者追わず」が基本スタンス

一般的に女性は「自分が好きになった人にだけ好かれればいい」というタイプが多いのですが、ローズクォーツは複数にちやほやされるのが大好きな恋愛体質です。男性のローズクォーツだと、更に不特定多数にモテたい願望が強く出ます。

みんなに好かれたいという気持ちが強いため、実際、その親しみやすさと気遣いや優しさによってみんなに好かれてしまう。作為的に仕向けようとせずとも人気者になりたい欲が満たされてしまう、そんなタイプです。

こと恋愛に関しては、「来る者拒まず、去る者追わず」が基本的スタンス。追いかけられたい気持ちが強く、しかも持ち前の魅力によって労せず人に好かれることが可能な人です。

ローズクォーツの金運

お金を動かすことで
金運アップ。
ケチな発想は禁物

ローズクォーツは「愛とお金の石」とも呼ばれ、金運は抜群に強いと言えます。ただし、「お金が入ってくるナンバー1の石」であると同時に、「お金が出ていくナンバー1の石」でもあります。意外にも借金がついて回る人も多いでしょう。

そんなあなたにケチな発想は似合いません。あなたが長けているのは、貯蓄よりも投資。大胆にお金を動かして利益を得るという行動、のみならず人のためにお金を使う、などでお金との縁はいっそう強くなるでしょう。

ローズクォーツの健康運

飲み過ぎ、食べ過ぎに要注意

とにかく人に慕われるあなたは、付き合いがよすぎて外食が多くなりがちです。適度な運動習慣を取り入れ、お酒の飲み過ぎ、ごちそうの食べ過ぎによって体を壊さないよう気をつけてください。胃腸は定期的に検査しましょう。

の対人関係

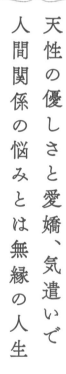

天性の優しさと愛嬌、気遣いで人間関係の悩みとは無縁の人生

ローズクォーツは、非常にかわいらしくて愛嬌にあふれ、優しい話し方で相手まで笑顔にしてしまいます。天性の魅力一つで、子どものころから自然に周囲に人が集まっていたあなたは、ピンチの時でも不思議と誰かが助けてくれます。特に自分が無理をしなくても、周囲の人たちが手を差し伸べてくれることで、すんなりピンチを脱してしまうのです。

でも、それは単なるラッキーではありません。あなた自身が純粋で、損得勘定なしに人に対して優しく世話を焼くことができる人だからこそ、周囲の人たちも、あなたが困った時には損得勘定抜きで助けたくなるのです。つまり、あなたの優れた対人運は、もともとあなた自身が引き寄

ローズクォーツ

せているものなのです。あなたの優しさや面倒見のよさは公私を問わず発揮されます。仕事でもプライベートでも、まず人間関係でトラブルになることは少ないでしょう。人の悩みの大半を占めると言われる「人間関係の悩み」とは、ほぼ無縁の人生です。

なかにはこうしたローズクォーツの特徴が、どうも自分にしっくりこないように感じる人もいるかもしれません。

そこで考えられるのは、幼少期に家族など周りから「無償の愛」を受けられなかったケース。「みんなから好かれたい」という気持ちが強いだけに、その気持ちが満たされないと、反動的にびっくりするくらいクールな性格になることもあるようです。

それでもひとたび誰かと深い信頼関係を築くことができれば、どんどんローズクォーツ本来の優しさや愛嬌、面倒見のよさ、それによって人に慕われる性質が表に出てくるはずです。

そのためには、疑いから入るのではなく、自分を守りつつも勇気を出し、相手を信じて付き合ってみることも大切でしょう。

あ の 人 の 相 性 ⋯✦

天で見ると静1・陽5

で落ち着いた時代が終わりを告げ、少しずつ時代が変化し始め
明るく積極的な魅力が最も輝きを増します。

ローズクォーツ ✕ トルマリン

なかなか本音を出し合わない2人なので、理解し合うのに時間がか
かりそう。表面上は穏やかな関係に見えても、誤解やすれ違いが起
きる恐れも。仕事でも、恋愛・結婚でも、きちんとまめに話し合うこと
が肝要。ただし付き合いが長くなると、学びも多く、非常に相性が良
くなります。トルマリンは四天では動3・陰1。

ローズクォーツ ✕ アメジスト

気難しいけれど、仕事でも、恋愛・結婚でも、献身的にあなたを支え
てくれる相手。ただ、相手の気遣いが行き過ぎてあなたが息苦しくな
ることも。相手の繊細さに振り回されぬよう注意しつつ、優しく接す
ることが良好な関係の鍵。不用意な言動は、相手に禍根を残すので
要注意。アメジストは四天では動1・陰5。

ローズクォーツと

ローズクォーツは四

四天で見るローズクォーツは、ひそやかなところに活躍します。ローズクォーツの

ローズクォーツ ✕ エメラルド

誰とでもうまく付き合えるあなたですが、エメラルドには割と苦労するかも。仕事では「自分が成長できる相手」と考えれば最適。恋愛・結婚では、早いうちに「自分がされて嫌なこと・嬉しいこと」を伝えることで良い関係を保てます。相手は頑固なので、張り合わずに一歩譲って。エメラルドは四天で見ると動3・陽3。

ローズクォーツ ✕ ルビー

いざという時は助けてくれるし、一緒にいても非常に心休まる、素晴らしい相性。仕事仲間としてもやりやすく、協力的でサポートも惜しまない相手。恋愛・結婚相手としても最高。相手は何かとあなたが動きやすい環境を作ってくれますが、そこで調子に乗らないよう注意して。あなたのほうも優しさをもって相手に応えれば最良の関係を築けます。ルビーは四天では静2・陽4。

ローズクォーツ × 琥珀

あなたにとって居心地の良い楽な相性。仕事でも、保守的な相手は、外交的なあなたの良さを生かしてくれる人。ただし恋愛・結婚ではあなたの社交性や誰にでも優しいところが誤解され、小さな揉め事は絶えないかも。正反対の気質ですが、本来は仲よくなれる相性。琥珀は四天では静3・陰3。

ローズクォーツ × 真珠

お互いに欠かせない存在となりうる好相性。相手は、あなたの才能や言動を高く評価してくれるため、仕事仲間としても最良です。恋愛・結婚でも、お互いに得意部分を生かし合い、苦手部分を補い合える、これ以上ない関係に。ただし相手はプライドが高い人、そこだけ注意して。真珠は四天では静1・陰5。

ローズクォーツ × ムーンストーン

優しくて気遣いができる似た者同士で、基本的にトラブルのない相性。仕事上では努力家で知識が豊かな相手に学ぶところが多いはず。恋愛・結婚では、多少理屈っぽいところが玉に瑕の相手ですが、その点を大目に見れば穏やかに過ごせます。あまり理想を高く持たないほうが吉。ムーンストーンは四天では静5・陰3。

ローズクォーツ ✕ ローズクォーツ

- -

お互い似すぎているがゆえに、ライバルになりやすい相性。仕事なら、決して張り合わないように。恋愛・結婚では関係が深まるほど、なぜか噛み合わず衝突が起きがち。一度揉めると憎み合うことさえありそう。広い心で接し、マメに話し合って解決すれば、良好な関係を築けます。

ローズクォーツ ✕ 水晶

- -

行動力抜群な水晶をあなたが支え、付いていく形に。それをあなたが楽しむことで良好な関係が永続。相手もあなたの良さを理解し、感謝するでしょう。仕事でも、恋愛・結婚でも、あなたがサポート役に徹することで非常にうまくいき、相手にとって唯一無二の存在になるでしょう。水晶は四天では動5・陽5。

ローズクォーツ ✕ サファイア

- -

あなたの話によく耳を傾け、理解してくれる相手。度胸があり、パワフルに仕事をする人なので、あなたも多くを学びながら共に成果を上げられる関係。恋愛・結婚では、あなたが主導権を握ることが多いよう。ただし、相手は束縛や決めつけを嫌うため、かまい過ぎないよう心得て。サファイアは四天では動4・陽4。

ローズクォーツ とのつき合い方

◆ローズクォーツと仲よくするには?

ローズクォーツは、誰とでも仲よくできる天性の才能があります。気負わず、気取らず、自然に話しかければ、相手が上手に関係をつくってくれるでしょう。

◆ローズクォーツの落とし方

優しさ抜群で気が利き、人をよく見ているのがローズクォーツですから、何気ない会話で近づき、さらには褒めたり好きを積極的にアピールすると受け入れてくれるでしょう。

◆ケンカした時+仲直りのコツ

基本的に優しいローズクォーツには泣き落としが効果的。理屈っぽい弁明や言い訳を並べるのではなく、ひたすら心をこめて「ごめん」「大好き」と言い続ければ、案外、あっさり仲直りできるでしょう。

◆ローズクォーツがウソをつく時

ローズクォーツは、ウソを悟られにくい運

命石ナンバー1です。ローズクォーツのウソを見抜くのは容易ではありません。ウソをつくとしたらものすごく大きなウソか、ウソはつかないか、どちらかでしょう。

◆ローズクォーツのセックスは?

みんなにモテたい恋愛体質なので、セックスも嫌いではありません。かつ優しく奉仕的な性質から、ベッドの上でも相手に尽くし、尽くされるのも好きでしょう。

◆ローズクォーツの浮気を防ぐには?

どんと構えて「浮気は一時の気の迷い。戻ってくればいい」という姿勢を取られると、むしろ浮気できなくなるタイプです。

◆ローズクォーツに言ってはいけない言葉

せっかくの親切を「余計な事しないで」とうっとうしがられることや、ローズクォーツの存在を無視する、話しかけない人には驚くほど冷たくなるという一面があります。

ローズクォーツへの開運メッセージ

優しさとホスピタリティ、
生来の性質を全開にすることで
誰からも愛される人生に

ローズクォーツの開運の秘訣は、とにかく人に優しく、ホスピタリティあふれる、その性質をどんどん発揮することです。

あなたが人に好かれるのも、「高嶺の花」のような存在からではなく「親しみやすさ」や「細やかな気遣い」ゆえのこと。ですから小悪魔的に人を惑わし巻き込むよりも、持って生まれた優しさが存分に活きるように、日々行動することで、あなた自身が願っているとおり誰からも愛される人生になるでしょう。

ローズクォーツの開運石

琥珀、真珠

人に好かれるだけに、付き合いがよすぎて気持ちもお金も外へ外へと向きがちなので、琥珀で「落ち着き」「堅実さ」を補うといいでしょう。また、真珠で「品」を補充することも開運につながります。

性欲が強い運命石
セックスレスになりやすい運命石

── 性欲が弱い ──

真珠

誇り高いお姫様気質の真珠は、セックスでも「特別扱い」を求め、尽くされることを望みます。逆に、自分から相手を求めることは苦手で積極性に欠け、ともするとレスになりがちです。

ムーンストーン

本来は自身が愛情深いため、相手にも同じくらいの愛の深さを求めます。セックスにおいてもそれは如実に表れ、相手への要求が高く、満たされないと傷つきます。満たされないと、途端に冷めて、セックスレスになることも。

エメラルド

身持ちが固く、性においても開放的ではありません。心を開くまでに時間をかけることが大事。ただし、いったん心を許した相手とは、セックスのコミュニケーションも大事にします。

性欲旺盛・セックスレス ランキング

── 性欲が強い ──

ルビー

何もせずとも自然体でモテてしまうルビーは、性にもオープンでセックスが大好き。「来る者を拒まず」なところがあるので、ルビーを飽きさせないよう注意が必要です。

水晶

何ごとも積極的な水晶は、セックスにおいても激しく情熱的。水晶にとってのセックスは、相手を一途に思うがゆえの「純粋な愛」の表れです。遊び人の積極性とは全く異なります。

アメジスト、ローズクォーツ

アメジストは、心の繋がりを重視したセックスを大事にします。ローズクォーツは生来の恋愛気質からセックスも嫌いではなく、ベッドの上でも尽くし、尽くされることを好みます。

琥珀ってこんな人

真面目に堅実に実績を積み上げ、最後には大きな成功を手にする

とても落ち着いていて、堅実で真面目。保守的なところもあり、冒険を怖がる用心深さが特徴です。貯蓄能力・倹約精神も高く、家事・育児全般も得意な人が多いでしょう。ただし家庭の中で自分が主役にならないと気が済まなかったり、意外にも嫉妬深かったりします。

堅実で真面目だなんて地味でつまらない……と思ってしまうかもしれませんが、それこそがあなたの強み。用心深さゆえ失敗も少ないでしょうし、コツコツ努力できる堅実さゆえに周囲から信頼されます。

大器晩成型で、年齢を経て気が付いたら大きな財を成していた、夢を実現していた、大きなマイホームを手に入れていた、といったこともよくあります。最後に笑うのはあなたなのです。

地 に 足 の 付 い た 落 ち 着 き

琥珀
～Amber～

琥珀のストーンパワー

正道を真っ直ぐに歩み続ける
信用・信頼の人

仕事ができて気遣い上手。
事務職、金融系など堅実な職種で活躍。
家庭に入れば「スーパー主婦」に

　一見おとなしいけれど、じっくりコツコツと積み上げるタイプなので、上司など力のある人から能力を買われて信頼関係を築き、最後には大きな成功を勝ち取るでしょう。仕事ができて気遣い上手、周囲の信頼も厚いあなたは、いうなれば「オフィスに咲いた清楚な花」。密かにあなたに憧れる人も多いはずです。

　向いている職種はというと、まず事務職は何でもこなせてしまいます。お金との縁が強いので、銀行員など金融系全般も天職といっていいでしょう。真面目でミスの少ないあなたは、職場の中で信頼感抜群です。その堅実さは、公務員や教師、司書、秘書としても重宝されます。

琥珀

また、家事全般、育児、家計のやりくりなど家に関することが得意なので、家庭に入れれば何でも完璧にこなす「スーパー主婦」に。マイホームを手に入れたら、インテリアも素敵に設えるでしょう。

さらに、その特技を活かして家事代行サービス、整理収納アドバイザー、栄養士、調理師、パティシエ、料理の先生など「家事」に関すること、介護士、ヘルパーなど「人を助ける」「癒す」こと、洋裁師、和裁師、パタンナーなど「コツコツとしたモノづくり」に関することを仕事にすると評判を呼び、活躍するはずです。

一方、守りに入りやすいことから、営業職など攻めの姿勢が求められる職種にはあまり向いていません。自らリスクをとって冒険するタイプでもないため、起業や変化に満ちた仕事は避けたほうが無難でしょう。

琥珀は四天で見ると、世の中が比較的平和で穏やかな時代に最大限に魅力を発揮します。やや消極的ながら、地に足の付いた琥珀の良さが最も評価される時です。

琥珀の恋愛・結婚運

「この人」と決めたら一直線。独占欲と嫉妬心を緩める努力を

決して華やかではないけれど、真面目で仕事ができるあなたは、気づいたらモテていた、というタイプ。あなた自身は、「この人」と決めると意外な積極性を発揮します。それだけに独占欲が強く嫉妬深いところがあるため、時には監視の目を緩めることも必要です。

また、一途な性格を利用されないよう、人を見る目は養っておいたほうがいいでしょう。

家に関することは得意中の得意。ただし、そこを評価されないと気が済まないところがあるので、いつも感謝の言葉をくれるような思いやりのある人と一緒になると幸せな結婚生活が続きます。

冒険的な恋愛はおすすめしません。不倫や浮気には最も向いていないタイプなので、一度道を踏み外すと一気に身を持ち崩す恐れがあります。

琥珀の金運

倹約気質による金運のよさ。冒険的な使い方はNG

琥珀の金運のよさはトップクラスです。ただし、それは倹約や貯蓄が得意ということ。

一攫千金を狙うギャンブル、ハイリスク・ハイリターン型の投資には向いていません。資産運用をしたいのなら、せめて保証のある積み立て型を選んだほうがよさそうです。

あなたの金運は倹約気質によるもの。もともと散財するタイプではありませんが、もし一時の気の迷いでも散財するようなことがあれば、一気に金運が下がってしまうでしょう。

琥珀の健康運

変化によるストレスに要注意

基本的に生活習慣が整っている琥珀。料理が得意な人も多いため、栄養バランスを気遣う食事で、健康的には問題ない人が多いよう。強いて言えば急激な環境変化などに伴うストレスから、胃腸や頭痛、精神的な落ち込みなどに注意が必要です。

の対人関係

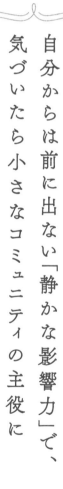

自分からは前に出ない「静かな影響力」で、気づいたら小さなコミュニティの主役に

基本的に誠実で出しゃばらないあなたは、周りからかわいがられるタイプです。任された仕事はきっちり完璧にこなす高い能力がありながらも、決して尊大になることはない。上司や先輩からのウケもよく、厚い信頼を勝ち取ります。

冒険や派手な活動は好まないため、大きなコミュニティというよりは、「会社」「家族」といった小さなコミュニティで、いつの間にか主役になっていた……、ということが多いでしょう。周囲にいる人たちは、意図せずして、そんなあなたの引き立て役になりますが、それも琥珀のもつ不思議な魅力によるものなのです。

琥珀

芸能界のような華やかな世界に身を置く人でも、いきなりテレビで全国的に顔が知れるなど派手に売れるタイプはあまりいません。例えばコツコツと堅実に小劇団で経験と実力を積むうちに、いつの間にか劇団の看板役者として主役を張るようになっていた、もしくは最初は脇役からお茶の間の人気者になっていた、などといった実力派・演技派タイプの人が多いでしょう。

しかし何と言っても、あなたが主役になる小さなコミュニティの代表格は家族です。家族間での発言力が強く、他の家族メンバーはあなたの引き立て役に回る。まさに主役ですが、決して自分勝手や我儘を押し通す暴君ではありません。

根が真面目で誠実なのが琥珀ですから、周囲も自然とあなたの言うことに耳を傾ける。結果として、常に家族の中心にいる主役のようなポジションになっているということなのです。

あの人の相性…✦

ると静3・陰3

やや存在感が薄れますが、平和で落ち着きを取り戻した時に、
ります。世の風潮に流されず、ブレないあなたは強いのです。

琥珀✕トルマリン

衝突の多い相性。友達として多くを期待しない間柄なら良いのです
が、恋愛・結婚となると、一見柔和だけど実は頑固な相手の強さに、
あなたが辟易してしまうかも。社交的な相手に対し干渉し過ぎるとう
まくいきません。仕事上でも、相手のペースに巻き込まれ過ぎないよ
うに気を付けて。深い付き合いは期待せず、さらりとした関係に留め
るほうが無難です。トルマリンは四天では動3・陰1。

琥珀✕アメジスト

タイプは違いますが、お互い補い合える好相性。仕事上でもプライ
ベートでも、あなたのために尽くしてくれる相手です。恋愛・結婚相
手としては、アメジストは情が深いため、少し束縛しがちですが、それ
も愛情の一つとおおらかにとらえることでうまくいきます。繊細で細
やかな相手をきちんと理解し、優しく対応することで相手も安心を得
られます。アメジストは四天では動1・陰5。

琥　珀

琥珀は四天で見

四天で見る琥珀は、変化が激しい時代は
その安定感が周囲の人々を支える柱とな

琥珀 × エメラルド

根本的に価値観も生き方も違う2人ですが、互いの違いを認め合う
ことで良い相性になります。恋愛・結婚では、主導権はしっかり者の
相手に渡したほうが吉。そこさえあなたが我慢できれば、非常に円
満にやれるでしょう。仕事でも、相手の能力を理解し、エメラルドの
頑固な部分にも大らかな気持ちで従うことができれば、うまくやって
いけるはずです。エメラルドは四天で見ると動3・陽3。

琥珀 × ルビー

華やかなルビーと控えめな琥珀は、正反対の気質ながら無理なく癒
し合える最高の相性。家族以上に親しくなることも可能です。仕事で
は、あなたはルビーの楽しくてユニークな考えに惹かれ、自分にはな
いものを吸収できるでしょう。恋愛・結婚でも、相手は面倒見が良い
ので、あなたも安心して甘えられます。あなたも細やかに気遣いを返
してあげましょう。ルビーは四天では静2・陽4。

琥珀 × 琥珀

似た者同士でお互い消極的なため、発展性や面白みに欠ける相性。真面目で能力が高い者同士、仕事仲間としてはミスも少なく手堅い成果を出せますが、大きな冒険はできない2人です。タイプの違う第三者にも入ってもらったほうがいいでしょう。恋愛・結婚では、お互い家庭的ですが、小さな衝突が起こりがち。思いやりを持ち合うことで回避しましょう。

琥珀 × 真珠

あなたが相手をサポートし、相手は信頼感で応えてくれる良い相性。仕事なら、バリバリ前に出て活躍する相手を、あなたが内側から支えるベストパートナー。恋愛・結婚でも、あなたが相手の面倒を見ることでうまくいきます。ただし、尽くし過ぎは双方にとってマイナスです。あまり尽くしすぎないよう、境界線を意識することで良い関係が長続きします。真珠は四天では静1・陰5。

琥珀 × ムーンストーン

穏やかな関係性を築ける相性ですが、心の奥底から分かり合うには時間がかかりそう。どうしてもお互いの本心が伝わりづらいことも多いよう。仕事上の関係では、あなたが相手を尊重することで、万事うまくいきます。恋愛・結婚では、相手の完璧主義な部分を我慢できれば良い関係を築けるでしょう。ケンカが増えたら少し距離を置いて冷静に対処して。ムーンストーンは四天では静5・陰3。

琥珀 × ローズクォーツ

人に合わせることが得意な相手とあなたは、第一印象からすぐに意気投合、非常に盛り上がる好相性です。ローズクォーツは、仕事上ではあなたの良さを上手に引き出し、恋愛・結婚相手としても、何かとあなたの面倒を見てくれるはず。あなたが相手を束縛したり、細かいことを言わなければ、かなり良好な関係を築けます。お互い優しい性格なので平和です。ローズクォーツは四天では静1・陽5。

琥珀 × 水晶

積極的で行動派の水晶と、受け身で堅実なあなた。この2人が一緒に何かをすると無敵です。特に仕事では、お互いの弱い部分を補い、大きな成果を期待できます。恋愛・結婚相手としても好相性。あなたの優しさと堅実さに、相手はこの上無い安心感を得ます。あなたが細かいことを言いすぎず、相手をおおらかに見守ることで、長く仲良くできるでしょう。水晶は四天では動5・陽5。

琥珀 × サファイア

保守的なあなたにとって、好奇心旺盛で積極的なサファイアは理解しにくい相手。意見の食い違いも多く、言い合いも多い間柄なのですが、不思議と縁が途切れず、互いに成長できる相性です。仕事では、自由人な相手と堅実なあなたで、個性が違うため逆に良いコンビ。恋愛・結婚だと、あなたの用心深さに相手は停滞感を感じるかも。違う個性と尊重して。サファイアは四天では動4・陽4。

琥珀とのつき合い方

◆琥珀と仲よくするには？

特に女性の琥珀は、ちゃんとしていて控えめでありながらも、褒められたい気持ちが強いため、うまく立てて主役にしてあげる、約束を守る、遅刻をしない、といった点に気をつけると仲よくできるでしょう。

◆琥珀の落とし方

地味でも確かな幸せが欲しいというのが琥珀の恋愛観。本人が誠実で堅実なので、誠実さ、堅実さをアピールすると効果的。金銭面での身持ちのよさを見せることも重要です。

◆ケンカした時＋仲直りのコツ

琥珀は論理的な正攻法で相手の非を責め、逃げ道を与えない、本当に怒らせたら一番怖いタイプです。とにかく謝り、日ごろの行動で改心したことを見せるしかありません。

◆琥珀がウソをつく時

根っからの真面目さでウソも嫌いな琥珀で

すが、つくときは墓場まで持って行くくらいの完璧なウソをつきます。見破るのはほぼ不可能。知らぬが仏ということもあります。

◆琥珀のセックスは？

不特定多数の人と遊ぶ、刺激的なことを試すなど琥珀にとって別世界の話。真面目で控えめ、保守的な気質は性に関しても同様です。

◆琥珀の浮気を防ぐには？

もともと家庭的な琥珀は浮気しないタイプですが、家庭に不安を感じると可能性はゼロではありません。

常に感謝と称賛の言葉をかける、二人で過ごす時間を確保するなど、安心させてあげることが浮気予防策になります。

◆琥珀に言ってはいけない言葉

琥珀の言動を否定するような言葉。曖昧でいい加減な言い方。「ケチだよね」などと堅実さを揶揄するような言葉。

琥珀への開運メッセージ

コミュニケーションを増やし、
徳を積むことで運気アップ。
豊かな愛と癒しの存在

あまり前には出たがらない運命石ですが、目標を持って、なるべく周りの人たちとコミュニケーションを取ること。欲だけで動かず、徳を積むことが運を上げる秘訣です。

琥珀の石言葉は「繁栄」「長寿」「癒し」など。長い年月をかけて形成される樹脂の結晶として大地の生命力を持ち主に吹き込み、癒しのエネルギーで心を満たすと言われているように、あなたの愛のエネルギーで周りの人たちを癒しましょう。

琥珀の開運石

水晶、サファイア、ルビー

保守的なあなたは少し積極性に欠けるので、水晶で行動力を、サファイアで好奇心を補完。また、ルビーの大らかさを取り入れると、堅実さからくる過度な細かさが和らぎ、人間的にバランスが取れるでしょう。

経営者に向いている運命石
芸術センスが優れた運命石

── 芸術センスが優れている ──

1 アメジスト

優れた感性の持ち主で、美的感覚や創造性は運命石の中でもダントツです。人並み外れた感性で他を圧倒し、惹きつけ、巻き込みながらカリスマ的な成功を収める可能性があります。

2 サファイア

ひと言で言うと「センス系の人」。独自の感性を生かしたクリエイティブ系の仕事は天職です。型にはまらない自由な発想で、無から有を生み出すことに長けています。

3 ルビー

人生を楽しみながら謳歌する人。楽しいことを考える発想力と、自分の感情を素直に伝える表現力に溢れています。この発想力と表現力が芸術に向かえば、自由に才能を発揮するでしょう。

経営者・芸術センス
ランキング

―― 経営者に向いている ――

1

エメラルド

一つの道を究め、カリスマ的な経営者も多いエメラルド。そもそも組織にはあまり向きませんが、組織にいるならトップに立つか管理職として人の上に立つことで活躍します。

2

ローズクォーツ、ルビー

人を惹きつける魅力のあるローズクォーツは、経営者になっても、人が運んでくるご縁とお金で利益を得ます。
「稼ごうと思えばいつでも稼げる」と楽観的なルビーは、実際に稼ぐ能力にも長けていて、楽しみながらお金を稼ぐ天才。

3

琥珀

コツコツ努力できる堅実さと用心深さから、経営においても手堅く、失敗が少ないのが特徴。大器晩成型で、年齢を重ねて気が付いたら夢を実現し、大きな財を成していたということもよくあります。

水晶ってこんな人

✦ ∴∵ ∴∵ ✦

竹を割ったような気持ちのいい性格。
勇気と行動力で周囲を明るく照らす

・水晶の一番の魅力は純粋さと正直さ。竹を割ったようなサバサバした性格で非常にパワフルでもあるので、何でもテキパキこなします。

気性が激しく、感情が見えやすい、ストレート過ぎて何事も白黒はっきりさせないと気が済まないところもありますが、トラブルが起こってもネチネチと根に持ったり逆恨みしたりしないのは水晶の美点と言えます。ただし正直であるがゆえに器用に立ち回れず、気がついたら損をしていた、ということもあるかもしれません。

また、人一倍、勇気と行動力があるのも水晶の特徴。どんな逆境でも自身の実力で乗り切り、どんなに深く悩んでも必ず立ち直る。そんな姿が関わる人みなを元気にさせる、太陽のような魅力の持ち主です。

裏表のない純粋さと正直さ

水晶
～Crystal～

水晶のストーンパワー

ストレートでエネルギッシュ
太陽のような魅力の持ち主

の宿命

誠実に仕事をこなす働き者。
どんな職種でも「目標」を持つと、
人並み外れたエネルギーを発揮

とにかく純粋で正直なあなたは、働き者でもあります。その裏表のない真っ直ぐな気質は、ドロドロとした駆け引きや勝負の世界ではなく、正義や責任感、誠実な心が重んじられるような世界で生きるでしょう。

どんな仕事でも一生懸命に取り組みますが、好きなことなど自身の情熱を注げる仕事で最も輝くタイプです。特に明確な目標があると人並み外れたエネルギーを発揮します。

いろいろな経験を通じて成長していくあなたは、毎日決まりきったことをするデスクワークよりも、営業など動き回る職種で活躍するでしょう。リーダーにも向いていますが、自分がエネルギッシュすぎて周りが

116

水晶

ついていけないこともあるかもしれません。

その他、正義感と責任感にあふれ、特に女性の場合は人に尽くすこともまったく厭わない水晶に向いているのは、スポーツインストラクター、教師、警察官、弁護士、看護師、介護業界など。男性ならドライバーや宅配業者など、運転で活躍する仕事もよいでしょう。さらには男女ともに夜の世界でも、本業として本気で取り組めばナンバー1になれる素質があります。

会社員としては、水晶ほど組織内の人間関係に左右される運命石はないかもしれません。明るくパワフルなあなたのよさを理解してくれる上司や仲間がいれば、素晴らしい成果を上げるでしょう。そこで唯一、気をつけたいのは、何に対してもはっきりとものを言うこと。正直さはあなたの魅力ですが、多少は空気を読む練習をしたほうがいいでしょう。

そんな水晶は四天で見ると、世の中に劇的な変化が起こる時代に、生来の積極性を発揮して活躍します。

水晶の 恋愛・結婚運

情熱的で、好きになったら一直線。献身が裏目に出ないよう要注意

非常に情熱的な恋愛をするあなた。好きになったら一直線、すぐに告白して明確な「YES／NO」を求めるでしょう。

一方、特に女性の水晶には自己犠牲心が強く、相手に尽くすタイプの人もたくさんいます。情の深さゆえに同情が愛情に変化する場合も。

その献身ぶりには素晴らしいものがありますが、相手に重く感じられたり、飽きられたり、さらには不倫など道ならぬ恋に没頭して身も心も減したりしないよう注意が必要です。

せっかくなら尽くしがいのある人に尽くしたいところ。自分は正直でも相手は違うかもしれません。その人の言葉は本心なのか、信じられる人なのかを慎重に見極めましょう。

水晶の 金運

その積極性こそ
金運アップの鍵。
旺盛な行動力が稼ぐ力に

何事に対しても積極的でエネルギッシュに取り組むあなたは、いうなれば「自助の力」によって運を味方につけ続けるタイプ。金運を開く鍵も、その旺盛な行動力にあります。

たとえば今の会社を辞めることになったとしても、すぐに独立や起業に向けた行動を起こしたり、積極的に転職活動をして次の職場を見つけたりできるのが水晶です。

こうした行動力を発揮し続ける限り、金運に見放されることはないでしょう。

水晶の健康運

ケガや事故に要注意

行動力があるのは素晴らしいことなのですが、水晶には少しおっちょこちょいなところもあります よく動き回るほどに注意力散漫になりがちなので、ケガや事故に注意しましょう。また、度を越した働き者なだけに過労にも注意です 肺にも気を付けましょう。

正直ゆえに人間関係は不器用。
よき理解者を見つけると◎

　純粋で正直、ゆえに思ったことをストレートに言ってしまって、人と衝突することもしばしばです。それでもすぐにケロッとして根に持たないところが水晶のよさですが、周りの人たちがみな同様なわけではないので、ストレートな物言いから誤解されたり、ともすれば一方的に根に持たれたりする場合があるのも事実です。

　特に職場で誤解されると仕事に支障が生じかねません。なるべく敵を作らないように、できるだけ相手の反応も窺いながらコミュニケーションをとることを覚えたほうが生きやすくなるかもしれません。

　何より望ましいのは、あなたのよさを心底理解し、それが生きるよう

水　晶

取り計らってくれる参謀役や相談役、相棒を見つけること。すると、すべてがうまく回りだすでしょう。そういう意味では、水晶の人生はどんな人と出会い、誰と組むかによって大きく左右されると言えます。

また、感情を隠さず、裏表がないあなたのことを、付き合いやすい相手だと好ましく思う人ばかりではありません。感情のコントロールが少しでもできるようになると、より人間関係がスムーズになるはずです。

これは仕事、友人、恋愛、すべてに共通すること。特に恋愛は、常に感情を表に出すことがベストとは限りません。自分が追いかけるばかりでなく、時には相手に追いかけさせる。そんな駆け引きや「待ち」の姿勢を覚えれば、恋愛で苦しい思いをすることも減るはず。

ただ、とにかく純粋で正直なあなたにとっては、そう簡単なことではないかもしれません。真っ直ぐで一途なのは、あなたのいいところでもあります。いっそ誰に対しても当たって砕けろ精神で行くのも一つだとは思いますが、ほんの少しだけ、その激しさを抑えてみたら生きやすくなるのでは……、というのが私からのささやかなアドバイスです。

あ の 人 の 相 性 ⋯✦

わるような激動の時代に最も力を発揮するタイプです。水晶が
となって、一気に飛躍します。

水 晶 ✕ ト ル マ リ ン

最初は気が合ってうまくいくのですが、時間が経つにつれて意見の
食い違いが明らかになり、ちょっとした違和感を抱くことが多いでし
ょう。仕事上の関係では、あなたが強く押しすぎると反発される可能
性があります。恋愛・結婚では、あなたがリードしてもOK。ただし、い
い関係を保つには、常に相手の意見を確認することが欠かせませ
ん。トルマリンは四天では動3・陰1。

水 晶 ✕ ア メ ジ ス ト

一触即発の緊張感あふれる相性です。ひとたび衝突したら、どちら
かが折れない限り収まりません。恋愛・結婚でも、仕事でも、とにかく
互いに距離をとり、言葉選びに気をつけることがうまくやるコツ。繊
細なアメジストは、一度言われたことを忘れないところがあるので、
特に言動がストレートなあなたは、感情をコントロールしながら付き
合うことが肝要。アメジストは四天では動1・陰5。

水晶と

水晶は四天で見

四天で見る水晶は、世の潮流が一気に変
持つ陽気で能動的な気質に時代が追い風

水晶 × エメラルド

双方ともエネルギッシュで負けず嫌いなため、自己主張し合うと対
立が激化。互いが一歩引いて相手を受け入れれば、個性の違いが
魅力的に映る相手です。恋愛・結婚では、あなたにない落ち着きの
ある安心感を与えてくれる相手。そこに惹かれているうちはうまくい
くでしょう。仕事上の関係なら、あなたが相手に合わせることができ
ればうまくいきます。エメラルドは四天で見ると動3・陽3。

水晶 × ルビー

ルビーは非常に楽しく、最初はあなたと気も合いますが、のんびりし
た相手と短気なあなたは気質が正反対。仕事でも、のんびりマイペ
ースなルビーに、せっかちなあなたがやきもきしてしまうことが多い
でしょう。恋愛・結婚だと穏やかな相手に癒されますが、あなたが相
手の「おおらかさ」を「いい加減で適当」と見てしまうと終わりがくる
かもしれません。ルビーは四天では静2・陽4。

水晶 × 琥珀

異なる個性の持ち主ですが、気を遣うことなくずっと一緒にいられる、心地のいい間柄です。恋愛・結婚でも、相手は穏やかでしっかりしている人。安心と信頼を得られます。仕事においても、あなたが主役、相手が脇を固めるといったコンビネーションで互いの弱点をサポートしながら大きな成果を導ける、またとない相性です。琥珀は四天では静3・陰3。

水晶 × 真珠

不思議と気が合って仲よくできる相性。真珠は情熱過多なあなたをうまく抑えてくれます。恋愛・結婚では、あなたがリードする役目。その分相手を尊重し、互いのプライドを傷つけないことがうまくやるコツです。水晶も真珠も責任感が強い気質なので、仕事仲間としても最高です。お互い前向きに取り組み、共に成果を上げていけるでしょう。真珠は四天では静1・陰5。

水晶 × ムーンストーン

個性の違いがプラスに働く相性です。恋人や伴侶としても非常に仲良く、長続きできそうです。困ったときも、ムーンストーンからのアドバイスは信頼でき、あなたも安心感を得られます。仕事上の関係でも好相性。相手が綿密に練った計画を、あなたが具現化するというコンビネーションが機能し、共に大きな成功を手にするでしょう。ムーンストーンは四天では静5・陰3。

水 晶 ✕ ローズクォーツ

フレンドリーでにこやかなローズクォーツは、あなたとは非常に良い相性です。あなたの喜怒哀楽の変化の激しさも、ローズクォーツならば優しく受け止めてくれるでしょう。仕事上の関係でも、あなたの行動力と相手のさりげないサポート力が合わさることで、共に大きな成果を成し遂げられそうです。恋愛・結婚においても理想的な関係を築ける相性です。ローズクォーツは四天では静1・陽5。

水 晶 ✕ 水 晶

同じ気質を持つ者同士、一緒に元気に盛り上がれる間柄です。アクティブな趣味を共に楽しむ仲間として、また恋愛・結婚でも、お互い何でも言い合えて、少しくらいぶつかっても後はケロッとしていられるパートナーとしても最高の相性です。仕事上の関係でも好相性ですが、ミスには要注意。大事なことのチェック役は水晶以外の第三者にお願いしましょう。

水 晶 ✕ サファイア

お互いにわかり合える好相性です。空気感やテンポが合う場合が多く、気兼ねなく一緒にいられる心地いい関係を築けるでしょう。恋愛・結婚においても、まさにラブラブな恋人同士。仕事上の関係でも、好奇心旺盛で頭がいい相手には学ぶべきところがたくさん。相手もまた、あなたの行動力には一目置いており、意見も上手に取り入れてくれるでしょう。サファイアは四天では動4・陽4。

水晶
とのつき合い方

◆ 水晶と仲よくするには？

とにかく純粋で正直な水晶は、はっきりしない物言いや優柔不断な態度が大の苦手。ストレートな態度や物言いを心がけると、水晶も心を開いてくれて仲よくなれるでしょう。

◆ 水晶の落とし方

水晶は恋の駆け引きが得意ではない分、駆け引きを仕掛けられると、それとは気づかないまま追いかけてくるところがあります。あえて連絡を取らない、既読スルーするなど王道の駆け引きが一番効果的なタイプです。

◆ ケンカした時＋仲直りのコツ

水晶は、一度火が付いたら手がつけられないくらい激しく怒ります。ただし根に持つタイプではないため、腹を割って話し、ストレートに謝れば、すぐに仲直りできるでしょう。

◆ 水晶がウソをつく時

正直さが取り柄の水晶は、ウソが苦手中の

苦手。ウソをつこうとすると明らかに挙動不審になるでしょう。

◆ 水晶のセックスは？

水晶の積極性はセックスにも如実に現れ、激しいタイプです。ただし情熱的に求めるのは遊び人のそれではなく、一途に思っている相手への愛情確認のためです。

◆ 水晶の浮気を防ぐには？

ウソが苦手な水晶にとって浮気は面倒以外の何物でもありませんが、可能性はゼロではありません。

水晶の情熱に付き合ってあげること、一途な献身に言葉や態度で常に報いることが浮気防止になるでしょう。

◆ 水晶に言ってはいけない言葉

「うるさい」「鬱陶しい」など、何事にも真っ直ぐなところを揶揄する言葉。優柔不断な言葉。

水晶への開運メッセージ

人のため、名誉のために生き、
万物を浄化する。
濁りなき美しい心で開運

明確な目標に向かってがんばれるのがあなたのよさです。教養を身に付けて、エゴではなく人のため、お金よりも名誉のために生きるほうが結果的に幸せになれるでしょう。

また、真っ直ぐゆえに頑固なところもあるため、少し人の話に耳を傾けるようにすることで、いっそう人生の可能性が広がります。

あなたの純粋さや正直さは、万物を浄化する力をもつ水晶そのもの。濁りのない美しい心を存分に発揮して生きていってください。

水晶の開運石

ローズクォーツ、琥珀、ムーンストーン

行動力が高くサバサバしている水晶の気質は、ともすれば注意力散漫やガサツさに偏りかねません。ローズクォーツで女性らしさを、琥珀で落ち着きを、ムーンストーンで母性を補完するといいでしょう。

恋愛・結婚編

モテ運

ルベライト

「モテ運」をもたらす石。不安な心を静め、前向きな気持ちになる力が。石言葉は「広い心」「潔白」。身につけることで自己肯定感が高まり、あなたの潜在的な魅力を引き出すでしょう。

片思い

ストロベリークォーツ

「片思い成就」「恋人獲得」など、意中の相手を振り向かせる石。石言葉は「魅力」「若さ」「夢の実現」。あなたの内なる魅力を引き出し、一歩踏み出す勇気を与えてくれるでしょう。

**恋愛
全般**

モルガナイト

「恋愛全般」、特に穏やかで安定した恋愛に効果のある石。石言葉は「優美さ」「優しさ」。持ち主の気持ちを明るくし、自己愛を満たし、目の前にある愛の大切さに気付かせてくれるでしょう。

(※効果は、持つ人によって異なります)

天河りんごのおすすめの石

結婚

ピンクトルマリン

「恋愛結婚」「結婚成就」を引き寄せる「愛の石」です。「広い心」や「思いやり」の石言葉の通り、相手に対する愛情をより一層輝かせ、あなたに良縁をもたらすでしょう。

夫婦円満

アクアマリン（サンタマリア）

「夫婦円満」「幸せな結婚」「対人関係全般」にパワーを発揮します。石言葉は「沈着」「聡明」「勇気」。愛と感情のバランスを保ち、あなたをより深い絆へと導くでしょう。

出会い

インカローズ

「素敵な出会い」「結婚につながる出会い」など、身につけることで自己愛を満たし、あなたの魅力を輝かせる力が。石言葉は「バラ色の愛」。運命の人に出会う手助けをしてくれるでしょう。

真珠ってこんな人

エレガントかつ几帳面で真面目。
地位と名誉を手にする誇り高き人

真珠は気高い輝きを持つ運命石。エレガントでプライドが高いあなたは、非常に責任感が強く、真面目で賢い人でもあります。潔癖で几帳面な面もあり、慎重に鋭く物事を捉える観察眼を兼ね備えています。

あなたにとっては「きちんとしている自分」であることが当たり前。周囲から一目置かれる反面、スキがなくて取っ付きにくい、融通が利かないなどの印象を抱かれがちですが、自己流を貫くほうが幸せでしょう。

そんなあなたですから、考え方は少し保守的です。リスクをとって冒険したり、衝動的に行動を起こしたりすることは好みません。目の前のことをきちんとがんばって、一歩一歩、着実に歩みを進めていくことで信用を勝ち取り、最終的に大きな地位や名誉を手にする人です。

他に類を見ない気高い輝き

真珠
～Pearl～

真珠のストーンパワー

清く正しく美しい
気位の高さで人生を切り開く

天職は公務員や士業、資格を生かした仕事。

どのような職種に就いても

「一流」が似合うエリートの石

別名「プライドの石」とも呼ばれる真珠は、大きな組織、堅い仕事で常に賢く行動し、順調に出世していくタイプです。世渡り上手というよりは、頭がよくて几帳面、何でもきっちり真面目にこなす、絵に描いたような「仕事ができる人」です。

公務員などはまさに天職。ひときわ真面目で責任感のある仕事ぶりは周囲からも一目置かれ、引き立てられるでしょう。その他、法律家や教授や医師など「先生」と呼ばれる職業をはじめ、抜群の記憶力と処理能力で活躍できる分野は多岐にわたります。

その反面、プライドの高さゆえに、なかなか自分のミスを認めなかっ

真珠

たり、他人に厳しく当たりすぎたりするという難点も。それにより周囲から疎まれ、立場を危うくしないように気をつけましょう。

また、どのような仕事においても「プライドを持てること」が、あなたにとっては一番大事です。

たとえ堅い役所仕事でも、プライドを持って従事できない部署やポジションには向いていません。逆に、決して堅いとは言えない夜の仕事などであっても、みなに憧れられ、敬意を抱かれるような一流店でなら、本来の高い能力を発揮して成功するでしょう。

つまり、どのような業界であっても、「エリート」と言われるポジションに就くのが、誰よりも気高くプライドの高いあなたです。

真珠は四天で見ると、比較的世の中が穏やかで平和な時代に魅力を発揮するタイプです。

消極的ではありますが、あなたの真面目さや几帳面さは、信頼の象徴。みなの信頼を得て、リーダー的存在として活躍するでしょう。

真珠の
恋愛・結婚運

モテてもアプローチされない「高嶺の花」。
誠実で地に足の付いた相手と幸せに

上品で高貴な佇まいのあなたは憧れの対象になりやすいのですが、「高嶺の花」と見なされてしまうことが多く、あまり積極的なアプローチは受けないタイプです。また自分自身は、その生真面目さとプライドの高さゆえに、気になる人が現れてもなかなか行動を起こせません。

相手に心を開くのに時間がかかるため、合コンや婚活アプリよりも、お見合いや知人の紹介による出会いのほうが向いているでしょう。

いい加減な人や軽い人は、プライドが高く真面目なあなたには合いません。とはいえ条件にこだわりすぎるのも考えもの。あなたは相手の家がお金持ちかは気にしませんが、学歴や職業は厳しく見てしまいがち。条件よりむしろ人格が誠実で、あなたを特別扱いしてプライドを満たしてくれる人なら幸せになれるでしょう。

真珠の金運

真珠の金運は、自らの堅実な仕事能力そのものによって高まります。

真面目に仕事に取り組み、着実に成果をあげているうちに、強いて自らアピールせずとも勝手に引き上げられる。結果的に、後からお金も名誉もついてくるタイプです。

他に類を見ない堅実さこそ、あなたの金運の最大の鍵。したがってギャンブルには向きません。一攫千金を狙った時点で、金運は下がってしまうでしょう。

真珠の健康運

頑張り過ぎないように注意

自制心が強いため、多少の無理は我慢しがち。そんなあなたは自分の出世に関わるような正念場などでは、体が「SOS」を発するまで頑張る癖があります。特に、女性の場合は子宮や女性ホルモン系、また肺や大腸に支障がある場合は、かなり弱っている証拠です。即休養を取りましょう。

の対人関係 ・・✦

気高さが人を遠ざけてしまう一面も。
本当に心を許せる友人を大切に

気高くエレガントなあなたは、常に周囲の憧れの的。ただし「親しみやすさ」には少し欠けるところがあり、近寄りがたいオーラを発しているため、人と親しくなるには時間がかかることが多いでしょう。

真面目なあなた自身も、知り合ってすぐには相手に心を開くことができないため、「気取っている」「お高く止まっている」などと思われてしまうこともあるかもしれません。しかし、ひとたび親密になると、相手のことを特別扱いする場合が多いでしょう。自分自身がお姫様気質なあなたは、相手を特別扱いする分、相手からも特別扱いされたいタイプ。

誇り高い自分が選んだ相手だからこそ、互いに特別な存在になることを

真珠

求めるのです。これは特に恋愛において言えることです。

また、基本的に賢いため、気になる人に対して自分からは行動を起こさない反面、相手から誘わせるように仕向けることには長けています。

自分自身がきちんとしているあなたは、ルーズな人や軽い人、無神経な人は大嫌い。ズカズカと土足で踏み込まれることのないよう、付き合う人は慎重に見極めたほうがいいでしょう。いくら冗談でもあなたを落とすようなことを言う品のない人や、約束を平気で破るようないい加減な人とは付き合う必要はありません。そのときは我慢できても、その関係性自体が、あなたにとって大きなストレスになります。

ただし、孤独に弱いところがあるのも真珠の気質ですから、数は少なくても本当に心を許せる人を側に置くことも重要です。

与えられた役割は立派に果たすため、リーダーなどまとめ役には最適ですが、往々にしてリーダーとは孤独なもの。そこで孤独感に苛まれてしまわないよう、あなたの性質をよく理解し、信頼できる相棒や参謀役を置くことも意識したほうがいいでしょう。

あ の 人 の 相 性 ⋯✦

いた時代に、真面目で几帳面な姿勢が最も評価されます。いか
高い生き方は、周囲の人の心を掴みます。

真珠 ✕ トルマリン

- -

付かず離れずの関係なら良いのですが、深く付き合うと苦手な部分
が出てきそう。トルマリンはそつなく八方美人なところがあるため、
容易に人に心を開かないあなたにとっては苦手なタイプかもしれま
せん。仕事でも、恋愛・結婚においても、本音がわかりづらい相手に
苦戦しそうです。真面目で几帳面なあなたはちょっと疲れてしまう相
性。トルマリンは四天では動3・陰1。

真珠 ✕ アメジスト

- -

繊細で気難しい相手と常識的で堅実派のあなた、理解し合うのは難
しい相性です。仕事では、面倒な事務仕事などはあなたが引き受け
て、相手の持つ高いクリエイティブな発想力を生かし、話をよく聞い
てあげるとうまくいきます。恋愛・結婚相手としてはかなり努力が必
要。相手はちょっとした言葉に傷つき反撃してくる可能性が。なるべ
く大目に見るように。アメジストは四天では動1・陰5。

真珠と

四天で見る真珠は、比較的平和で落ち着
なる時も正しくあろうとするあなたの気

真珠 × エメラルド

打ち解けるまでに多少時間が必要ですが、お互いの個性を認め合
えればいいコンビに。ただし相手はマイペース。たとえ正論でも意見
を押し付けたりせず、相手の意見をうまく尊重することで、仕事でも
プライベートでもうまくいくでしょう。恋愛・結婚相手としても良く、相
手に主導権を渡しつつ、あなたがしっかり手綱を握ることで穏やか
な関係が永続します。エメラルドは四天で見ると動3・陽3。

真珠 × ルビー

品行方正なあなたには、おおらかすぎるルビーはいい加減に見える
かもしれません。プライベートでも仕事でも、うまく付き合うには、お
互いの努力がかなり必要です。なるべく相手の長所に目を向けると、
学びや気づきは多いはず。恋愛・結婚においても同様で、おっとりし
た相手の優しい部分を見るように心がけて。真面目過ぎるあなたを
癒してくれるはず。ルビーは四天では静2・陽4。

真珠 × 琥珀

互いに真面目で堅実、価値観も似ているため、理想的な相性。プライベートでも仕事でも、あなたが困ったときは必ず助けてくれます。琥珀は他のどの石よりも、あなたの能力を高く評価し、強い信頼のもとで支えてくれる人。恋愛・結婚でも、素晴らしい家庭を築くことができます。ただし、相手には少し束縛する傾向が。それも愛と受け止め大事にすべきです。琥珀は四天では静3・陰3。

真珠 × 真珠

お互い真面目で堅い性格なので、なかなか腹を割って話せません。慎重な気質ゆえに、どうしても腹の探り合いになりがち。恋愛・結婚へと関係が深まっても、互いのプライドが邪魔をしてケンカが絶えません。仕事仲間や友人としては、お互い人目を気にする常識人のため、大きなトラブルにはならないでしょう。さらりとした付き合いに留めておくのが無難。

真珠 × ムーンストーン

根本的な価値観が似ているため、一緒にいて安心できる好相性。お互い何ごとも真面目に取り組むため、仕事仲間としても忌憚なく意見を言い合い、何があっても2人で解決できます。恋愛・結婚相手としても良く、母性豊かで知的な相手に心惹かれ、良好な関係が永続します。あなたにとっての唯一の難点は、相手の理屈っぽさ。聞き流せるところは聞き流して。ムーンストーンは四天では静5・陰3。

真珠 ✕ ローズクォーツ

あなたにとっては願ってもない好相性。優しくて面倒見がいい相手は、特別扱いされたいあなたの世話をかいがいしく焼いてくれるでしょう。仕事上でも、きめ細やかなアシストで、あなたを引き立ててくれるはず。恋愛・結婚でも、あなたが誠実に相手に向き合い愛情表現をしていけば、これほどまでに愛と利益をもたらしてくれる人はいないかもしれません。ローズクォーツは四天では静1・陽5。

真珠 ✕ 水晶

正反対の個性を持つ2人ですが、不思議と仲よくなれる好相性。仕事では、思い立ったら一直線に行動する相手を、あなたの細やかな処理能力、チェック能力で支えてあげる絶妙なコンビに。保守的で冒険が苦手なあなたを相手がリードし、楽しい世界を見せてくれそう。ただし、恋愛・結婚となると、相手の言動に振り回されてあなたが疲れてしまうかも。水晶は四天では動5・陽5。

真珠 ✕ サファイア

寛容で頭の良い相手には、いつも以上に心を開いて話せるでしょう。スタイリッシュなあなたと相手は非常にスマートなベストカップルです。仕事仲間としても良く、お互いの才能をリスペクトし合い、高みを目指せるでしょう。恋愛・結婚でも、あなたと一緒にいることで相手もぐんぐん成長できます。ただし相手は自由人。束縛だけはしないよう気を付けて。サファイアは四天では動4・陽4。

真珠とのつき合い方

◆ 真珠と仲よくするには？

真珠は「きちんとしていること」を好むため、遅刻しない、約束を守る、責任をもって行動する、無神経な言動はしない、さらには真珠のプライドが満たされるよう常に称賛の言葉をかける、といったことを心がければ仲よくできるでしょう。

◆ 真珠の落とし方

誇り高いお姫様気質の真珠に、一番効果的なのは「特別扱い」です。褒め言葉を絶やさず、お姫様のように丁重に扱ってあげると、こちらに心がなびくでしょう。男性の真珠の場合も同様で、立ててあげることを忘れずに。

◆ ケンカした時＋仲直りのコツ

真珠は怒らせたら怖い相手です。自身がきちんとしている人なので、相手のプライドを立てつつ、心からの誠意をもって謝らないとなたは〜」など人と比較するような言葉。

◆ 真珠がウソをつく時

真珠は人にも自分にも公明正大であることを求め、悪評判が立つことを嫌うため、そもそもあまりウソはつきません。真珠がウソをつくとしたらよほどのこと。しかも、その生来の賢さにより完璧なウソをつくでしょう。

◆ 真珠のセックスは？

自分が選んだ特別な相手からの特別扱いを求める真珠は、セックスでも尽くされたいタイプ。意外と情熱的です。

◆ 真珠の浮気を防ぐには？

誠意をもって特別扱いしつづけることが浮気防止になるでしょう。権威主義的なところもある真珠のプライドを満たす一手段として、ブランド品をプレゼントするのも有効です。

◆ 真珠に言ってはいけない言葉

「○○さんと比べて〜」「それに引き換えあ受け入れてもらえないでしょう。

真珠への開運メッセージ

開運の鍵

目標を持ち、一歩一歩着実に。気高く清く歩むことが開運の鍵

よく婚約指輪に使われることからもわかるように、真珠は「幸せな約束」の象徴。そんなあなたの開運の鍵は、「目標」という自分との約束を早めに定め、一歩一歩、着実に歩んでいくことです。

気高く公明正大なあなたに、プライドを捨てるような行動や、いい加減な行動は似合いません。真珠は勇気と行動の石でもあるので、若いうちに失敗を恐れずさまざまな経験をすることで生来の気質が大きく花開くでしょう。

真珠の開運石

ルビー、アメジスト、水晶

真珠は真面目で堅実ゆえに少し面白味に欠けるところがあり、またプライドが高すぎて行動が鈍くなることがあります。ルビーで遊び心を、アメジストで情緒や創造性を、水晶で行動力を補うといいでしょう。

守護石編

生霊退散

オブシディアン（黒曜石）

怒りや悲しみ、恐怖など、負の感情から持ち主を守る石。悪縁を絶つ石としても知られ、人からの恨みや妬みを撥ね除ける力が。魔除け、生霊退散、洞察力や集中力の開花などに期待。

癒し

ブルーカルセドニー

母性と深い愛情の石。優しい気持ちで人と接することができるようになり、人との絆を深めてくれるでしょう。癒し、精神安定、不安解消、優しさと社交性の開花に効果があるかも。

希望

オパール

虹のような色合いから「神の石」として世界中で愛される。才能が開花し、創造性を高めるとされる。希望、幸福、ネガティブをポジティブに変換、喜び、アンチエイジングなどに期待。

やる気

津軽錦石

天河りんごの故郷、青森の石。弱さを克服する力があるとされる。やる気、勇気、精神力強化、創造性や表現力の開花などに効果があるといわれる。ご自身の生まれた土地の石はお守りになりますので、調べてみるのもおすすめ。

（※効果は、持つ人によって異なります）

天河りんごのおすすめの石

	ラリマー
調和	世界三大ヒーリングストーンの1つ。この石の力は穏やかでとても優しく、身につけることであらゆる感情を浄化するでしょう。人間関係の調和、願望成就などの効果に期待。

	スギライト
魔除け	世界三大ヒーリングストーンの1つ。心の傷を癒す力があり、負の感情を洗い流し心の安定をもたらす力が。魔除け、知恵、健康、マイナスをプラスに転換するといわれます。

	エンジェルシリカ（チャロアイトクォーツ）
魔除け	世界三大ヒーリングストーンの1つ、チャロアイトに水晶の成分が浸透した希少石。チャロアイトの癒しの力に加え、水晶の浄化作用も。魔除け、生霊退散、浄化などの効果に期待。

	スモーキークォーツ
癒し	身につけることで、身体と大地のエネルギーを繋げてくれ、心に安定をもたらす力が。癒し、悪霊退散、勝利、恐怖や不安の解消、焦燥感の解消、不眠からの解放に効果があるよう。

	アレキサンドライト
悪霊退散	昼と夜の光によって色が変わる希少な宝石。持ち主の潜在能力を引き出し、自分を変える勇気を与え成功へと導く力が。悪霊から身を守る力、成功や勝利への導きにも期待。

サファイアって
こんな人

◆‥‥◆

賢さと忍耐強さで我が道を歩み、
夢を確実に実現する

大胆な行動力に豊かな思考力と発想力を兼ね備えているあなた。まだ見ぬ広い世界を見て学びたいという冒険心が強い「自由な旅人」。

非常にスケールが大きい人で、小さなコミュニティに留まらずに世界レベルで活躍できる素質があります。クリエイティブな才能もあり、無から有を生み出すことが大得意です。

いつも夢や目標があり、型にはまりません。もともと頭がいいうえに、忍耐強く積み重ねられる努力の人でもあります。人からどう思われるかを気にするよりも、自分の道を進むことに専心するでしょう。そのため、突然、大きなチャレンジをして周囲を驚かせることも。内面に秘めたパワーは抜群で、夢を実現する能力も高いでしょう。

冒険心が強い自由な旅人

サファイア

~*Sapphire*~

サファイアのストーンパワー

まだ見ぬ世界を臆<small>おく</small>せず開拓、
旺盛な好奇心と行動力の人

の宿命

地位や名誉を追い求めるより
「自分らしく自由に生きる」ことが大事。
国際的な大舞台で活躍できる素質あり

頭がよくて努力家、チャレンジ精神も旺盛なあなたには、世界を股にかけるなど大きな舞台で活躍する素質があります。海外の取引先とのやりとりや海外出張が多い仕事、センスを生かしたデザインなどクリエイティブ系の仕事などは天職と言えます。

その反面、一つの組織に留まってルーティンワークを続けるような生活にはあまり向いていません。そういうところに職を得ても、すぐに飽きてやめてしまうでしょう。

といっても協調性や社交性はあるほうなので、組織に向いていないわけではありません。自分を強く持ってはいますが、人に合わせたり従順

サファイア

そうに振る舞ったりすることもできます。忍耐力もあるため、人間関係のトラブルは少ないほうでしょう。

地位や名誉、出世などにはまったくと言っていいほど執着しません。肩書にハクがつくことよりも、いかに自分らしく自由に生きられるかを重視します。

明確な目標があれば努力を惜しまない人ですから、若いうちに大きな夢を見つけると大成します。ただし新しいもの好きで飽きっぽいところもあり、一つの仕事や一つの組織に飽きては転職を繰り返す傾向も。

あなたが何かを続ける原動力となるのは、やはり明確な目標です。フワフワと地に足の付かない飽き性としての人生ではなく、着実に歩み、大きな成功を手にする人生にしていくには、やはり早いうちに夢や目標を見つけるのが一番でしょう。

サファイアは四天で見ると、時代の変化が激しい時に活躍するタイプです。生来の積極性を武器に、より大胆に行動できるでしょう。

サファイアの
恋愛・結婚運

大胆で情熱的な恋愛体質。
固定観念に縛られないフリースタイル

あなたの大胆な行動力は恋愛にも表れます。

常識や世間体なんて気にしない自由な心で、いつもドキドキする新しい出会いを求めています。道ならぬ恋、障害のある恋、年齢差のある恋、国際結婚、遠距離恋愛などドラマチックな恋愛に縁があり、一目惚れも多いでしょう。

意外と母性本能が強いため、一度付き合ったら面倒見がいい一面も。

「結婚＝落ち着き」という観念は薄いあなたですから、結婚後も恋人のようにドキドキしつづけられる関係を求めます。

決して型にはまらない、個性的で情熱的な恋愛を通して成長していくのが、あなたの宿命。出会いと別れを繰り返す場合も多いでしょう。

サファイアの金運

あなたの金運を開く鍵は、その生来の頭脳と知性です。本業でしっかり稼ぐのはもちろん、副業で賢く稼いだり、上手にお金を貯めたりできるため、お金との縁が途切れることはないでしょう。海外との縁も強いため、外貨投資なども向いています。

旺盛な好奇心と大胆な行動力で、自らの力でお金を得ることに長けています。お金への執着はそれほどなく、打算的に利益を追い求めるわけではないのですが、不思議と行動を起こすほどにお金に恵まれます。

サファイアの健康運

なるべく絶えず動き回る

アクティブに動き回るのは、あなたの心身の健康の秘訣でもあります。家に引きこもったりするとストレスが溜まり、心の健康を損ねてしまうかもしれません。堅苦しい生き方を強いられストレス過多だと腎臓などに影響が出る場合も。

自ら放つ強い光で周囲を惹きつけ、どこに行っても自然と人の輪ができる

実は人の好き嫌いが激しいタイプのあなた。嫌いでも顔には出しませんし、そつなく相手に合わせることもできますが、心の中ではきっぱり線を引いて、深く付き合う人とそうでない人を分けています。

友人としても恋愛相手としても、共通の趣味の話題や知的な会話で盛り上がれる人を好み、ひとたび共通項を見つければ、積極的に距離を縮めようとします。一方、嫌いな人に対しては壁を作ります。ただし相手にそうとは勘付かれないくらい、それとなく上手に距離を置くため、人間関係のトラブルに巻き込まれることは少ないでしょう。

また、あなたは一人で過ごすことが苦になりません。それどころか人

サファイア

からも組織からも束縛されることを嫌い、平気で単独行動をとります。

そのため、周りからは「変わっている人」「個人主義者」などと思われることも多いでしょう。

ただし、あなたは厭世的な人嫌いなわけではありません。むしろ基本的に誰に対しても親切で、面倒見がいいくらいなのですが、少し秘密主義なところがあって腹の底が見えづらい。ゆえに「何を考えているのかわからない人」と思われがちです。

好奇心が旺盛で、自らの興味の赴くままに行動することも多いあなたは、そのために周りの人を振り回してしまうことも多いでしょう。しかし、それはあなた自身のスケールが周りの人たちよりもずっと大きいから。その旺盛な好奇心と行動力があなたを成功に導いてくれるので、周りを気にして自分を抑える必要はありません。

あなたは言うなれば、自身から強く放たれる旺盛な好奇心と大胆な行動力の「光」で、周囲を惹きつけるタイプ。どこへ行っても不思議と周囲に人が集まり、仲間が増えていきます。それもあなたの人徳です。

で見ると動4・陽4

変化する時に魅力を発揮します。持ち前の好奇心で時代の変化
ョンで成功するでしょう。

サファイア ✕ トルマリン

明るく気遣いのあるリーダータイプの相手と、好奇心旺盛に行動す
るあなたは非常に良い相性。相手もあなたのことを頼りにし大切に
してくれるでしょう。仕事では、相手はあなたの能力を高く評価し、強
い信頼のもとでスムーズに物事が進むでしょう。恋愛・結婚では、あ
なたが相手に尽くすことでうまくいきます。ただし干渉し過ぎは禁物。
一定の距離が大事。トルマリンは四天では動3・陰1。

サファイア ✕ アメジスト

趣味の仲間やプロジェクトメンバーとしては協力し合えますが、基本
的に難しい相性。相手は繊細、あなたは大胆なタイプのため正反対
過ぎて分かり合えないのです。仕事上に利害の衝突はつきものです
が、この2人の場合は議論の余地なく断絶することも。恋愛・結婚で
も価値観が違い過ぎて衝突は避けられないかも。互いの我を出さな
いように気を付けて。アメジストは四天では動1・陰5。

サファイアと

四天で見るサファイアは、時代が活発に
をいち早く読みとり、時宜を得たアクシ

サファイア × エメラルド

何かと気が合い、仲良くなれる相性。あなた自身が少し秘密主義な
ため、付き合いは淡泊ですが、連絡を取らない期間があっても、会え
ば一瞬で打ち解け意気投合できます。仕事では才能をぶつけ合い、
共に成果をあげる名コンビに。恋愛・結婚では、頑固な相手ですが、
あなたの話だけはよく聞き、あなたには従順です。程よい距離での付
き合いが長続きの秘訣。エメラルドは四天で見ると動3・陽3。

サファイア × ルビー

どうしてもテンポが合わず、難しい相性。仲間の一人としては問題あ
りませんが、一対一になると衝突しがち。お互い自由人なのですが、
向いている方向が真逆のため噛み合いません。仕事では、あなたが
相手を急かすことが多くなりそう。恋愛・結婚でも相手を自分に付き
合わせようとせずに、のんびり屋さんのルビーを待ってあげることが
うまくいく秘訣。ルビーは四天では静2・陽4。

サファイア × 琥珀

しっかり者で信頼に足る相手ですが、その保守的な考え方にあなたは共感できないでしょう。相手もあなたの冒険心や行動力を理解できません。仕事では、互いの違いを理解し合えれば良きパートナーに。恋愛・結婚では、相手の言動により、あなたの行動を制限されると嫌になってしまうかも。一定の距離を保つことが関係を長続きさせるコツ。琥珀は四天では静3・陰3。

サファイア × 真珠

人と距離を置きがちでプライドが高い真珠ですが、あなたには素直。本音で話し合え、いい影響を与え合える抜群の好相性。仕事仲間としてもあなたの考え方やアイデアを尊重し、どんな頼み事も快く聞いてくれます。恋愛・結婚においても良く、非常に面倒見が良い相手です。それを束縛と感じなければうまくいきます。互いの違いも話せばわかる相手です。真珠は四天では静1・陰5。

サファイア × ムーンストーン

似た者同士に見えますが興味の分野や方向性が違うため、どこか冷めた関係になりそう。そのため深い関係にはなりにくいのですが、相手から学ぶべき部分は多いため、仕事仲間としてはもってこいです。恋愛・結婚においてはお互いが成長できる相手。いわゆるラブラブな関係にはなりませんが、クールで知的な者同士うまくいくでしょう。ムーンストーンは四天では静5・陰3。

サファイア × ローズクォーツ

親切で面倒見の良い相手ではありますが、自由人のあなたはちょっとペースを崩されるかも。仕事では、あなたが相手に合わせることで事なきを得ますが、恋愛・結婚では相手のわがままや自己主張にあなたが耐えられなくなると、いさかいが起きるでしょう。あなたが折れるしかありません。お互いが自由に付き合うことで何とか関係を保てる相性です。ローズクォーツは四天では静1・陽5。

サファイア × 水晶

お互い実直で行動的なので非常に好相性。仕事では、お互いの理想や夢を形にできる素晴らしい関係。恋愛・結婚では、一途に尽くしてくれる相手に居心地の良さを得られます。相手は短気で、白黒はっきりさせないと気が済まない性質ですが、あなたならよき理解者になれるはず。相手が悩んでいる時にあなたがアイデアを与えることで更に関係が深まります。水晶は四天では動5・陽5。

サファイア × サファイア

互いの気持ちが通じ合い分かり合える相性ですが、関係が深まると同時に両者の主張が強くなり衝突も出てくるでしょう。仕事上の関係は悪くなく、良好な関係を築けるものの、一度意見が衝突すると修復には時間がかかります。恋愛・結婚ではなかなか難しい問題が出てくるかも。お互い自由人でわがままなところがあるのでいかに抑えるかが鍵。

サファイア
とのつき合い方

◆サファイアと仲よくするには？

サファイアは自立しすぎているため、サファイアと仲よくしたい人たちは寂しく感じるかもしれませんが、束縛は禁物。サファイアの価値観を理解し、べたべたと付き合おうとしないことが仲よくするコツ。

◆サファイアの落とし方

サファイアは好奇心が旺盛なので、知らない世界を見せてくれる人には興味を抱きます。新しい話題や知的な話題、あるいは自分の興味関心・趣味の話題を出して好奇心を刺激してあげると、こちらを向いてくれるでしょう。

◆ケンカした時＋仲直りのコツ

ケンカをして、もし嫌われたら、それとなく距離を取られてしまう可能性があります。ただしサファイアは基本的には優しい人。誠心誠意話し合えばサファイアは仲直りできるでしょう。

◆サファイアがウソをつく時

賢いサファイアは、実はウソをつくのも上手。面倒なことは嫌いなので、本来ウソはつきませんが、つくときは表情や態度から悟るのが難しい完璧なウソになるでしょう。もしサファイアは相手を思っての優しいウソもあるかもしれません。

◆サファイアのセックスは？

セックスに対しても好奇心旺盛で開放的。いろいろなことを試してみたいタイプです。その好奇心がフェティッシュな趣味につながることもあるでしょう。

◆サファイアの浮気を防ぐには？

常に新しいことを試みるなどサファイアの好奇心を刺激し、二人の関係に飽きを感じさせないことが浮気予防になります。

◆サファイアに言ってはいけない言葉

豊かな好奇心に水を差す言葉、センスを疑うような言葉。

サファイアへの開運メッセージ

体験を通じて大きく成長。賢さや行動力に「優しさ」を兼ね備えることでさらに開運

サファイアは「創造」と「改革」の石。賢さと好奇心、行動力で人生を切り開きます。

若いうちから周りの人たちの話に耳を傾けること、また、頭で考えるだけでなく、海外旅行も含めた多様な実体験を積んで視野を広げることが成功への道につながっています。

サファイアの石言葉は「慈愛」「誠実」「忠実」「真実」など。その賢さと好奇心、行動力に思いやりの気持ちが加わると、いっそう素晴らしい人生になるでしょう。

サファイアの開運石

ローズクォーツ、トルマリン

人に合わせることは上手ですが、個人主義的なところが強く、周囲に壁を感じさせることもあるため、ローズクォーツやトルマリンで親しみやすさを補完するといいでしょう。

金運・仕事運・人徳編

強運

モルダバイト

宇宙との繋がりを強める石。高次元との対話を可能にすると
いわれています。健康、癒し、金運や仕事運の上昇、強運、覚
醒、恋愛成就、夫婦円満などに効果があるとされる。

金運

ルチルクォーツ

直観力や集中力を高め、人を呼び寄せる力が。持ち主に自
信を与える効果も。金運上昇、強運、洞察力の向上、家庭円
満、精神力の強化、目標達成などに効果があるといわれる。

金運
勝負運

タイガーアイ

その名の通り、虎の目のような模様を持つ美しい石。虎の目
が邪悪な力を撥ね除けるとも言われる。基本的に財運や勝
負運を引き寄せる力が強い。金運・仕事運の上昇、勝利・成
功などの効果があるといわれる。

人徳

糸魚川翡翠

古代より日本人の祖先が大事にしてきた霊石。魂を鎮める効
果があり、霊的な感性が高まるとされる。人徳、繁栄、成功、ト
ラウマ解消、健康、癒しなどの効果があるといわれる。

（※効果は、持つ人によって異なります）

天河りんごのおすすめの石

目標達成

フェナカイト
第三の眼を活性化し、持ち主の感覚を研ぎ澄ますとされる。高次元の情報を得やすくなり、目標達成も容易に。高次元との対話、エネルギー上昇、超越、目標達成などの効果に期待。

直観力

セレナイト
強力な浄化作用で荒ぶる神経を静め、優しいエネルギーで心身に安らぎを与える力が。決断力・直観力・集中力の向上、癒し、浄化などに効果があるとされる。

仕事達成

ラブラドライト
身につけることで神秘的な力が高まり、持ち主に気づきをもたらすといわれる。癒し、健康、直観力と分析力の向上、仕事達成、霊力の開花、再会などの効果があるとされる。

成功運

スーパーセブン
7つ（複数）の鉱物が1つになった石で調和の象徴とされる。自分だけでなく、周囲もみな最良の運気へと導く力があるとされる。金運、仕事運、すべての引き寄せ、精神力向上などに効果があるといわれる。

ムーンストーンって
こんな人

明瞭で論理的なだけでなく、愛情豊か。
冷静な思考と優しさを併せ持つ人

知的で上品、物静かな雰囲気があります。クールでありながらも、非常に面倒見がよく優しい人柄です。また、非常に頭がいい完璧主義者で、物事を常に論理的に考えることができるあなたに、理屈で敵う人はそういないでしょう。特に自分の好きな分野で知識を探求する能力には素晴らしいものがあります。

母性愛の強さもムーンストーンの特徴の一つ。それゆえに家族をもつと愛情が強すぎて、親離れ・子離れができないこともあります。また、母性愛の強さは、ともすれば自分が尽くした分の見返りを求める気持ちや、あれこれと口を出す過干渉につながりかねません。そこは生来の論理的思考を働かせ、冷静に考えたほうがいいでしょう。

冷静と情熱のハイブリッドな魅力

ムーンストーン

~ Moonstone ~

ムーンストーンのストーンパワー

クールで知的でありながら、
温かな母性愛で人を包み込む

努力を惜しまない勉強家で、

どのような分野でも活躍できる。

よき指導者としての素質もあり

勉強家で論理的なあなたは、いわゆるキャリアウーマンタイプです。

どのような業界にもすんなりと馴染み、きちんと努力を積み重ねて能

力を上げることで活躍するでしょう。豊かな母性と面倒見のよさから後

進の指導に当たることも多く、下の人たちに慕われるよき先輩、リーダ

ーになる素質があります。

なかでも学者や研究者、教師、大学教授、医師、薬剤師、コンサル業

などコツコツと実績や実力、信頼を積み重ねる職業に向いています。

観察眼や批判力が鋭く、論理的に説得力をもって話すことができるた

め、営業職や企画職、編集者、ライター、作家などもいいでしょう。賢

ムーンストーン

く有能なので一般企業でも重宝され出世するでしょう。

いずれにせよ、平和主義者なところがあるあなたは、ライバルとガツガツ競い合ったり、人を出し抜いてまで業績を上げたりするのは好きではありません。それよりも、自分がこれと決めたテーマをコツコツと追究し成果を上げていく学究的なタイプ。もともとの頭のよさが自らを助ける知性の人です。

ムーンストーンの注意すべき点を強いてあげるならば「完璧主義」なところ。人にも自分にも求めるものが多く、厳しくなりがちなので「自分に甘く、人にはもっと甘く」を信条とするくらいでちょうど良さそうです。

そんなあなたは四天で見ると、穏やかで平和な時代に魅力を増すタイプです。あなたの知性と母性が時代にマッチして、豊かな人間関係で人生を満たしていくことができるでしょう。

ムーンストーンの
恋愛・結婚運

盛大に尽くす分、相手に多くを求めがち。
理屈で相手を追い詰める一面も

母性愛が強く優しいあなたですが、恋愛においては、母性愛に論理的な完璧主義の一面が重なって、相手に求めるものが多くなりがちです。

普段は相手を包み込むような優しさを見せていても、何かトラブルが起こると相手を理詰めで追い詰めてしまう。鋭い観察眼から、時には相手を一方的にジャッジしたり、見下したりするかのような物言いをしてしまうこともあるでしょう。

恋愛で重要なのは論理的な正しさとは限りません。バシッと言ってくれる母親のような存在を求める相手ならばともかく、その理屈っぽい主張で居心地の悪さを感じさせてしまいがちなところは要注意。幸せな恋愛・結婚のためには、常に相手の立場から考える努力も必要です。

ムーンストーンの金運

知性が稼ぐ力に直結する。金運には恵まれるが、計画性をもって

自分の知性を武器にお金を稼いでいくタイプです。

何であれ一つのことをコツコツと探究する姿勢さえ失わなければ、食いはぐれることはないでしょう。

もともとお金に対する執着は薄いタイプですが、自分自身も稼げるし、持って生まれた金運により、身内からの援助も期待できます。

ただしあまりに無頓着過ぎるのも考えもの。計画性を身に付けて。

ムーンストーンの健康運

健康面での不安とは比較的無縁

不調にきちんと気づいて医師の診断を受ける、健康診断を毎年欠かさないなど、ムーンストーンの完璧主義は健康管理にも表れます 健康面での不安とは比較的無縁です

の対人関係

〜✦〜

面倒見がよく、目下に慕われる人格者。
ただし身内といえども干渉は控えめに

知り合い程度の浅い付き合いから、しっかり相手と関わる親密な関係まで人間関係全般において器用です。

特に母性的な面倒見のよさから、あなたを慕う後輩や部下も多いはず。

また、完璧主義者のあなたは上下関係もきちんとしており、常に丁寧に誠実に対応するため、目上の人からも好かれます。

頭がいいあなたは、恋愛では駆け引き上手。かいがいしく世話を焼くなど母性的な柔らかい温かみを相手に感じさせつつ、時にはクールに振る舞い、相手の関心を惹きつける……といったことが、決して計算高い感じではなく自然にできてしまいます。

ムーンストーン

一方、鋭い観察眼から、つい人の痛いところをついてしまったり、頭のよさからつい人をバカにするような発言をしてしまったりと、親しくなると意外と敵を作ってしまうことも。あなたは本来、平和主義的な人なのですから、舌鋒鋭い発言は控えて無用な対立は避けましょう。

友人関係においては、母性愛が強いばっかりに、いったん身内だと思うと口うるさくなってしまうこともあるでしょう。自分が強い愛をもって相手に尽くすため、相手にも過剰に求めてしまいがちなのです。また、完璧主義ゆえに、たとえば一緒に出かける計画が少しずれるだけでも怒ってしまい、「付き合いづらい人」と思われることも。

そんなあなたが幸せな人間関係を築くには、すべてを完璧にはできないということを理解したうえで、相手に過剰に求める気持ちを抑えること。そのためには、人ではなく、自分にフォーカスする目を持ちましょう。

また、何でも理詰めでは周りの人たちを疲れさせかねません。理屈っぽさを全面展開してもいい「時と場合」をわきまえ、普段は少し控えめにしておくことも、孤立を避けるコツです。

あの人の相性 ・∴✦

で平和な時代に魅力を発揮します。あなたの知的さと愛情深さ
れ、周囲の人たちに安らぎを与えるでしょう。

ムーンストーン ✕ トルマリン

- -

公私共に絶好の相性。トルマリンに対しては、あなたは過干渉にな
らず、面倒見の良さも過剰にならないため、お互い自然体で仲良く
できます。一緒に事業をするなど仕事のパートナーとしても理想的。
恋愛・結婚では、あなたが母性的な愛を注ぐ関係。束縛しないようバ
ランスに注意。トルマリンは四天では動3・陰1。

ムーンストーン ✕ アメジスト

- -

お互いの個性を理解するのが難しい相性。仲間の一人として付き合
うならいいのですが、1対1だとあなたの何気ない一言で傷つくの
で余計なことは言わないように。仕事では、あなたがいかに優しく
相手を見守れるかがカギ。恋愛・結婚では難しい相性。我を抑えるし
かありません。アメジストは四天では動1・陰5。

ムーンストーンと

ムーンストーンは

四天で見るムーンストーンは、ひそやか
は、穏やかな時の中でより豊かに醸成さ

ムーンストーン × エメラルド

楽しく温かい関係を築ける相性。自立した相手ですが、あなたの面
倒見の良さと賢さには一目置き、心を開いてくれます。あなたが干渉
し過ぎたり理屈で詰め寄ったりせず、お互いの私的領域に踏み込ま
ないようにすれば、恋愛・結婚でも好相性。仕事でも共感、協力でき
る名コンビ。エメラルドは四天で見ると動3・陽3。

ムーンストーン × ルビー

あなたが主導権を握る相性。相手はのんびり屋さんでマイペースな
ため、あなたの理屈っぽさが強く出ると嫌われるかも。仕事でも、恋
愛・結婚でも、相手は楽しみながら動きたい人なので、なるべくおお
らかに構えることが良好な関係を持続させる鍵。正論の押し付けは
禁物です。ルビーは四天では静2・陽4。

ムーンストーン ✕ 琥珀

悪くはないけれど、小さい不満が出やすい相性。相手の細かい指摘を我慢せずに、「あなたはあなた、私は私」とはっきり告げるように。仕事でも腹を割って意見をぶつけることでうまくいきます。恋愛・結婚では、相手の干渉をうるさく思うか優しさととらえるかで明暗が分かれます。琥珀は四天では静3・陰3。

ムーンストーン ✕ 真珠

出会った瞬間から仲良くなれる相性。価値観も似ていて、仕事でも共感し合い、同じ目標に力を合わせて取り組み、達成できます。恋愛・結婚では、相手は真面目で品もあり控えめなタイプのため、あなたの理想にぴったり。プライドを傷つけないよう、相手を立てることを心がけて。真珠は四天では静1・陰5。

ムーンストーン ✕ ムーンストーン

同じ石同士、わかり合える部分が大きい反面、欠点も見え過ぎて諍いが絶えません。特に気をつけたいのは、一度理屈を持ち出して揉めると、互いに簡単には許せないこと。そのため発展性に欠け、恋愛・結婚でも面白味がない相性。仕事では、双方が同じ目的に向かえば大きな成果に。ムーンストーンは四天では静5・陰3。

ムーンストーン ✕ ローズクォーツ

親しくなるほど互いの個性が衝突する難しい相性。あなた以上に面倒見が良い相手のことを疎ましく思うかも。いっそ自分の面倒見の良さを引っ込めて、相手を受け入れられたら意外とうまくいきます。恋愛・結婚では、主導権を渡すことで関係が良好に。仕事では成長できる相手。ローズクォーツは四天では静1・陽5。

ムーンストーン ✕ 水晶

裏表ないサッパリタイプの水晶と、頭で考えすぎてしまうあなたは意外に好相性。仕事でも、あなたが困ったときは抜群の正義感と行動力でサポートしてくれます。恋愛・結婚でも、相手はあなたのためにと尽くし、あなたも相手の優しさに感謝することで良い関係が長く続きます。水晶は四天では動5・陽5。

ムーンストーン ✕ サファイア

相手は流行に敏感で斬新な発想の人。あなたは自分の世界と伝統を重んじる人。真逆の個性を尊重し合えれば、刺激もあり成長できる相性。友人としては良いのですが、恋愛・結婚では、価値観の違いから折り合えないかも。仕事では互いの能力を持ち寄り、協力すれば大きな成果に。サファイアは四天では動4・陽4。

ムーンストーン とのつき合い方

◆ムーンストーンと仲よくするには？

相手に多くを求めがちなムーンストーンと仲よくするには、相手を一番に扱い、要求に応えられる限り応えること。しかしそれは容易ではないため、一定の距離を置いて付き合うことが、楽しい関係を築く一番のコツかもしれません。面倒見がよく、自分の知識を披露するのも好きなので、素直に頼ったり教えを請うたりするのもいいでしょう。

◆ムーンストーンの落とし方

母性愛が強いムーンストーンには、少し甘えてみせると思いに応えてくれるでしょう。相談事を持ちかけたり、得意分野について尋ねたりなど、ムーンストーンの知性の部分にアプローチするのも効果的です。

◆ケンカした時＋仲直りのコツ

まず相手の理屈をよく聞くこと。そのうえで、相手の存在が一番であり、なるべく要求

に応えたいという姿勢を見せると、少しずつ態度が軟化していくはずです。

◆ムーンストーンがウソをつく時

頭がいいムーンストーンはウソをつくのもうまいのですが、少し踏み込んでみて相手が怒ったら、痛いところをつかれた＝ウソをついているサインかもしれません。

◆ムーンストーンのセックスは？

セックスにおいても要求が高いでしょう。また、強い母性愛からセックスにも温かみを求めるところがあります。

◆ムーンストーンの浮気を防ぐには？

広い心で要求に応え続け、時には甘えること。高い要求と強い母性愛が満たされれば浮気に走ることはないでしょう。

◆ムーンストーンに言ってはいけない言葉

知性を疑い、バカにするような言葉。

ムーンストーンへの開運メッセージ

知性をもって学びを探求し、母性をもって人を包み込む。人を見下す言動に注意

ムーンストーンは女性らしい「母性」の石であり、知性あふれる「学問」の石でもあります。

石言葉は「健康」「幸運」「恋の予感」ですが、賢いがために、意図せず人を見下すような発言をしがちな点には要注意。

豊かな知性と母性が人生を切り開く最大の鍵となるので、人の面倒をよく見つつ、若いうちからしっかり学んで知識を身につけましょう。学歴は関係なく、自分が探求したいと思える好きなことを見つけることが重要です。

ムーンストーンの開運石

ルビー、ローズクォーツ、トルマリン

あなたは理屈っぽく完璧主義すぎて、生きづらく感じることも。ルビーで遊び心と大らかさを、ローズクォーツで周囲を和ませる愛嬌を、トルマリンでリーダー性や社交性を補うといいでしょう。

1970年

	1	2	3	4	5	6	7	8	9	10	11	12	13	14	15	16	17	18	19	20	21	22	23	24	25	26	27	28	29	30	31
1月	C	B	A	J	I	H	G	F	E	D	C	B	A	J	G	F	E	B	A	J	I	H	G	F	E	D	C	B	A	J	I
2月	H	G	F	F	C	D	A	B	I	J	E	F	C	D	A	B	I	H	E	F	C	D	A	B	I	J	G	H			
3月	E	F	C	D	A	A	J	I	H	G	F	E	D	C	B	A	J	I	H	G	F	E	D	C	B	A	J	I	H	G	F
4月	E	D	C	B	A	J	I	H	G	F	E	D	C	J	I	H	D	A	B	I	J	G	H	E	F	C	D	A	B	I	
5月	J	G	H	E	F	C	D	A	B	I	B	I	J	G	H	E	F	C	D	G	H	E	F	C	D	A	B	I	J	G	H
6月	E	F	C	D	A	C	B	A	J	I	H	G	F	E	D	C	B	A	J	I	H	G	F	E	B	A	J	I	H	G	
7月	F	E	D	C	B	A	J	I	H	G	F	E	D	C	B	I	H	G	J	I	H	G	F	E	D	C	B	A	J	I	H
8月	G	F	E	D	C	B	A	J	I	H	G	F	E	D	C	B	A	D	A	J	G	H	E	F	C	D	A	B	I	J	
9月	G	H	E	F	C	D	A	A	J	I	H	G	F	E	D	C	B	A	J	I	H	G	F	E	D	C	B	A	J	I	
10月	H	G	F	E	D	C	B	A	J	I	H	G	F	E	D	C	B	G	F	E	E	F	C	D	A	B	I	J	G	H	E
11月	F	C	D	A	B	I	J	C	D	A	B	I	J	G	H	E	F	C	D	I	J	G	H	E	F	C	D	A	B	I	
12月	J	G	H	E	F	C	C	B	A	J	I	H	G	F	E	D	C	B	A	J	I	H	G	F	E	D	C	B	A	J	I

1971年

	1	2	3	4	5	6	7	8	9	10	11	12	13	14	15	16	17	18	19	20	21	22	23	24	25	26	27	28	29	30	31
1月	H	G	F	E	D	C	B	A	J	I	H	G	F	E	B	A	J	G	F	E	D	C	B	A	J	I	H	G	F	E	D
2月	C	B	A	J	J	G	H	E	F	C	B	I	J	G	H	E	F	A	B	I	J	G	H	E	F	C	D	A			
3月	B	I	J	G	H	F	E	D	C	B	A	J	I	H	G	F	E	D	C	B	A	J	I	H	G	F	E	D	C	B	A
4月	J	I	H	G	F	E	D	C	B	A	J	I	H	E	D	C	B	A	B	I	J	G	H	E	F	C	D	A	B	I	
5月	C	D	A	B	I	J	G	H	E	F	E	F	C	D	A	B	I	J	I	D	A	B	I	J	G	H	E	F	C	D	A
6月	B	I	J	G	H	H	G	F	E	D	C	B	A	J	I	H	G	F	E	D	C	B	A	J	G	F	E	D	C	B	
7月	A	J	I	H	G	F	E	D	C	B	A	J	I	H	G	F	C	B	A	D	C	B	A	J	I	H	G	F	E	D	C
8月	B	A	J	I	H	G	F	F	C	D	A	B	I	J	G	H	E	J	G	H	C	D	A	B	I	J	G	H	E	F	C
9月	D	C	B	I	J	G	H	F	E	D	C	B	A	J	I	H	G	F	E	D	C	B	A	J	I	H	G	F	E	D	
10月	C	B	A	J	I	H	G	F	E	D	C	B	A	J	I	H	G	B	A	J	B	I	J	G	H	E	F	C	D	A	B
11月	I	J	G	H	E	F	C	J	G	H	E	F	C	D	A	B	I	J	I	G	F	C	D	A	B	I	J	G	H	E	F
12月	C	D	A	B	I	J	J	G	G	F	E	D	C	B	A	J	I	H	G	F	E	D	C	B	A	J	I	H	G	F	E	D

1972年

	1	2	3	4	5	6	7	8	9	10	11	12	13	14	15	16	17	18	19	20	21	22	23	24	25	26	27	28	29	30	31
1月	C	B	A	J	I	H	G	F	E	D	C	B	A	J	G	F	E	B	A	J	I	H	G	F	E	D	C	B	A	J	I
2月	H	G	F	E	C	D	A	B	I	J	G	F	C	D	A	B	I	J	E	F	C	D	A	B	I	J	G	H	E		
3月	F	C	D	A	A	J	I	H	G	F	E	D	C	B	A	J	I	H	G	F	E	D	C	B	A	J	I	H	G	F	E
4月	D	C	B	A	J	I	H	G	F	E	D	C	B	I	H	G	A	B	I	J	G	H	E	F	C	D	A	B	I	J	
5月	G	H	E	F	C	D	A	B	I	B	I	J	G	H	E	F	C	D	G	H	E	F	C	D	A	B	I	J	G	H	E
6月	F	C	D	A	C	B	A	J	I	H	G	F	E	D	C	B	A	J	I	H	G	F	E	D	C	B	A	J	I	H	
7月	E	D	C	B	A	J	I	H	G	F	E	D	C	B	A	H	G	F	E	D	C	B	A	J	I	H	G	F	E	D	C
8月	F	E	D	C	B	A	I	J	G	H	E	F	C	D	A	B	I	J	G	H	C	D	A	B	I	J	G	H	E	F	C
9月	H	E	F	C	D	A	A	J	I	H	G	F	E	D	C	B	A	J	I	H	G	F	E	D	C	B	A	J	I	H	
10月	G	F	E	D	C	B	A	J	I	H	G	F	E	D	C	B	G	F	E	E	F	C	D	A	B	I	J	G	H	E	F
11月	C	D	A	B	I	J	J	C	D	A	B	I	J	G	H	E	F	C	D	I	I	J	G	H	E	F	C	D	A	B	I
12月	G	H	E	F	C	D	B	A	J	I	H	G	F	E	D	C	B	A	J	I	H	G	F	E	D	C	B	A	J	I	H

〈生年月日計算表〉

1967年

	1	2	3	4	5	6	7	8	9	10	11	12	13	14	15	16	17	18	19	20	21	22	23	24	25	26	27	28	29	30	31
1月	I	H	G	F	E	D	C	B	A	J	I	I	H	G	F	C	B	A	H	G	F	E	D	C	B	A	J	I	I	H	G
2月	D	C	B	B	I	J	G	H	E	F	A	B	I	J	G	H	E	D	A	B	I	J	G	H	E	F	C	D			
3月	A	B	I	J	G	G	F	E	D	C	B	A	J	I	H	G	F	E	D	C	B	A	J	I	I	H	G	F	E	D	C
4月	A	J	I	H	G	F	E	D	C	B	A	J	I	F	E	D	J	J	G	H	E	F	C	D	A	B	I	J	G	H	
5月	F	C	D	A	B	I	J	G	H	E	H	E	F	C	D	A	B	I	J	C	D	A	B	I	J	G	H	E	F	C	D
6月	E	I	J	I	H	G	F	E	D	C	B	A	J	I	I	H	G	F	E	D	C	B	A	H	G	F	E	D	C		
7月	B	A	J	I	H	G	F	E	D	C	B	A	J	I	I	H	G	F	E	D	C	B	E	D	C	B	A	J	I	I	H
8月	C	B	A	J	I	H	G	E	F	C	D	A	B	I	J	G	H	I	J	G	F	C	D	A	B	I	J	G	H	E	
9月	C	D	A	B	I	J	G	G	F	E	D	C	B	A	J	I	I	H	G	F	E	D	C	B	A	J	I	I	H	G	
10月	D	C	B	A	J	I	H	G	F	E	D	C	B	A	J	I	I	H	C	B	A	A	B	I	J	J	G	H	E	F	C
11月	B	I	J	G	H	E	F	E	I	J	G	H	E	F	C	D	A	B	I	J	E	F	C	D	A	B	I	J	G	H	
12月	F	C	D	A	B	I	J	J	G	H	E	F	E	D	C	B	A	J	I	I	H	G	F	E	D	C	B	A	J	I	H

1968年

	1	2	3	4	5	6	7	8	9	10	11	12	13	14	15	16	17	18	19	20	21	22	23	24	25	26	27	28	29	30	31
1月	D	C	B	A	J	I	H	G	F	E	D	C	B	A	H	G	F	C	B	A	J	I	I	H	G	F	E	D	C	B	A
2月	I	H	G	F	F	C	D	A	B	I	J	E	F	C	D	A	B	I	H	E	F	C	D	A	B	I	J	G	H		
3月	E	F	C	D	B	A	J	I	I	H	G	F	E	D	C	B	A	J	I	I	H	G	F	E	D	C	B	A	J	I	H
4月	E	D	C	B	A	J	I	I	H	G	F	E	D	C	J	I	H	D	A	B	I	J	G	H	E	F	C	D	A	B	
5月	J	G	H	E	F	C	D	A	B	A	B	I	J	G	H	E	F	C	J	G	H	E	F	C	D	A	B	I	J	G	H
6月	E	F	C	D	A	C	B	A	J	I	I	H	G	F	E	D	C	B	A	J	I	I	H	G	F	E	B	A	J	I	H
7月	F	E	D	C	B	A	J	I	I	H	G	F	E	D	C	B	I	H	G	J	I	I	H	G	F	E	D	C	B	A	J
8月	G	F	E	D	C	B	B	I	J	G	H	E	F	C	D	C	D	I	J	G	H	E	F	C	D	A	B	I	J	I	
9月	G	H	E	F	C	D	A	B	I	J	I	H	G	F	E	D	C	B	A	J	I	I	H	G	F	E	D	C	B	A	
10月	H	G	F	E	D	C	B	A	J	I	I	H	G	F	E	D	C	H	G	F	H	E	F	C	D	A	B	I	J	G	H
11月	F	C	D	A	B	I	F	C	D	A	B	I	J	G	H	E	F	C	B	I	J	G	H	E	F	C	D	A	B	I	
12月	J	G	H	E	F	C	C	B	A	J	I	I	H	G	F	E	D	C	B	A	J	I	I	H	G	F	E	D	C	B	A

1969年

	1	2	3	4	5	6	7	8	9	10	11	12	13	14	15	16	17	18	19	20	21	22	23	24	25	26	27	28	29	30	31
1月	H	G	F	E	D	C	B	A	J	I	I	H	G	F	C	B	A	H	G	F	E	D	C	B	A	J	I	I	H	G	F	E	D
2月	C	B	A	I	J	G	H	E	F	C	B	I	J	G	H	E	F	A	B	I	J	G	H	E	F	C	D	A			
3月	B	I	J	G	H	F	E	D	C	B	A	J	I	I	H	G	F	E	D	C	B	A	J	I	I	H	G	F	E	D	C	B	A
4月	J	I	H	G	F	E	D	C	B	A	J	I	I	H	E	D	C	G	H	E	F	C	D	A	B	I	J	G	H	E	F	
5月	C	D	A	B	I	J	G	H	E	F	C	D	I	J	G	D	A	B	I	J	G	H	E	F	C	I	A				
6月	B	I	J	G	H	H	G	F	E	D	C	B	A	J	I	I	H	G	F	E	D	C	B	A	J	I	I	H	G	F	E	D	C
7月	A	J	I	H	G	F	E	D	C	B	A	J	I	I	H	G	F	E	D	C	B	A	J	I	I	H	G	F	E	D	C
8月	B	A	J	I	H	G	F	F	C	D	A	B	I	J	G	H	E	I	J	G	H	E	F	C	D	A	B	I	J	G	H	E	F
9月	D	A	B	I	J	G	H	E	F	C	D	A	B	I	J	G	H	E	F	C	D	A	B	I	J	G	H	E	F	E	D	
10月	C	B	A	J	I	H	G	F	E	D	C	B	A	J	I	I	H	C	B	A	A	B	I	J	G	H	E	F	C	D	A	B
11月	I	J	G	H	E	F	F	I	J	G	H	E	F	C	D	A	B	I	J	E	F	C	D	A	B	I	J	G	H	E	
12月	C	D	A	B	I	J	J	H	G	F	E	D	C	B	A	J	I	I	H	G	F	E	D	C	B	A	J	I	I	H	G	F	E	D

1976年

	1	2	3	4	5	6	7	8	9	10	11	12	13	14	15	16	17	18	19	20	21	22	23	24	25	26	27	28	29	30	31
1月	B	A	J	I	H	G	F	E	D	C	B	A	J	I	F	E	D	A	J	I	H	G	F	E	D	C	B	A	J	I	H
2月	G	F	E	D	D	A	B	I	J	G	H	C	D	A	B	I	J	G	F	C	D	A	B	I	J	G	H	E	F		
3月	C	D	A	B	J	I	H	G	F	E	D	C	B	A	J	I	H	G	F	E	D	C	B	A	J	I	H	G	F	E	D
4月	C	B	A	J	I	H	G	F	E	D	C	B	A	H	G	F	B	I	J	G	H	E	F	C	D	A	B	I	J	G	
5月	H	E	F	C	D	A	B	I	J	I	J	G	H	E	F	C	D	A	H	E	F	C	D	A	B	I	J	G	H	E	F
6月	C	D	A	B	B	A	J	I	H	G	F	E	D	C	B	A	J	G	F	E	H	G	F	E	D	A	J	I	H	G	
7月	D	C	B	A	J	I	J	G	H	E	F	C	D	A	B	I	D	A	B	G	H	E	F	C	D	A	B	I	J	G	H
8月	E	D	C	B	A	J	J	G	H	E	F	C	D	A	B	I	D	A	B	G	H	E	F	C	D	A	B	I	J	G	H
9月	E	F	C	D	A	B	J	I	H	G	F	E	D	C	B	A	J	I	H	G	F	E	D	C	B	A	J	I	H	G	
10月	F	E	D	C	B	A	J	I	H	G	F	E	D	C	B	A	F	E	D	F	C	D	A	B	I	J	G	H	E	F	C
11月	D	A	B	I	J	G	D	A	B	I	J	G	H	E	F	C	D	A	J	G	H	E	F	C	D	A	B	I	J	G	
12月	H	E	F	C	D	A	A	J	I	H	G	F	E	D	C	B	A	J	I	H	G	F	E	D	C	B	A	J	I	H	G

1977年

	1	2	3	4	5	6	7	8	9	10	11	12	13	14	15	16	17	18	19	20	21	22	23	24	25	26	27	28	29	30	31
1月	F	E	D	C	B	A	J	I	H	G	F	E	D	A	J	I	F	E	D	C	B	A	J	I	H	G	F	E	D	C	B
2月	A	J	I	G	H	E	F	C	D	A	J	I	G	H	E	F	C	D	A	B	I	J	G	H	E	F	C	D			
3月	J	G	H	E	F	C	D	C	B	A	J	I	H	G	F	E	D	C	B	A	J	I	H	G	F	E	D	C	B	A	J
4月	H	G	F	E	D	C	B	A	J	I	H	G	F	C	B	A	E	F	C	D	A	B	I	J	G	H	E	F	C	D	
5月	A	B	I	J	G	H	E	F	C	D	C	D	A	B	I	J	G	H	E	B	I	J	G	H	E	F	C	D	A	B	I
6月	J	G	H	E	F	F	E	D	C	B	A	J	I	H	G	F	E	D	C	B	A	J	I	H	E	D	C	B	A	J	
7月	I	H	G	F	E	D	C	B	A	J	I	H	G	F	E	B	A	J	C	B	A	J	I	H	G	F	E	D	C	B	A
8月	J	I	H	G	F	E	D	D	A	B	I	J	G	H	E	F	C	D	A	B	I	H	G	F	E	D	C	B	A	J	I
9月	B	I	J	G	H	E	F	D	C	B	A	J	I	H	G	F	E	A	B	I	J	G	H	E	F	C	D	A	B	I	
10月	J	I	H	G	F	E	D	C	B	A	J	I	H	G	F	A	J	I	I	J	G	H	E	F	C	D	A	B	I	J	
11月	G	H	E	F	C	D	G	H	E	F	C	D	A	B	I	J	G	H	C	D	A	B	I	J	G	H	E	F	C	D	
12月	A	B	I	J	G	H	F	E	D	C	B	A	J	I	H	G	F	E	D	C	B	A	J	I	H	G	F	E	D	C	B

1978年

	1	2	3	4	5	6	7	8	9	10	11	12	13	14	15	16	17	18	19	20	21	22	23	24	25	26	27	28	29	30	31
1月	A	J	I	H	G	F	E	D	C	B	A	J	I	H	E	D	C	J	I	H	G	F	E	D	C	B	A	J	I	H	G
2月	F	E	D	D	A	B	I	J	G	H	C	D	A	B	I	J	G	F	C	D	A	B	I	J	G	H	E	F			
3月	C	D	A	B	I	I	H	G	F	E	D	C	B	A	J	I	H	G	F	E	D	C	B	A	J	I	H	G	F	E	D
4月	C	B	A	J	I	H	G	F	E	D	C	B	A	H	G	F	B	I	J	G	H	E	F	C	D	A	B	I	J	G	
5月	H	E	F	C	D	A	B	I	J	G	J	G	H	E	F	C	D	A	B	E	F	C	D	A	B	I	J	G	H	E	F
6月	C	D	A	B	I	I	H	G	F	E	D	C	B	A	J	G	F	E	H	G	F	E	D	C	B	A	J	I	H	G	
7月	D	C	B	A	J	I	H	G	F	E	D	C	B	A	J	G	F	E	H	G	F	E	D	C	B	A	J	I	H	G	F
8月	E	D	C	B	A	J	I	G	H	E	F	C	D	A	B	I	D	A	B	I	H	E	F	C	D	A	B	I	J	G	H
9月	E	F	C	D	A	B	I	I	H	G	F	E	D	C	B	A	J	I	H	G	F	E	D	C	B	A	J	I	H	G	
10月	F	E	D	C	B	A	J	I	H	G	F	E	D	C	B	A	J	I	C	C	D	A	B	I	J	G	H	E	F	C	
11月	D	A	B	I	J	G	H	A	B	I	J	G	H	E	F	C	D	A	J	G	H	E	F	C	D	A	B	I	J	G	
12月	H	E	F	C	D	A	A	J	I	H	G	F	E	D	C	B	A	J	I	H	G	F	E	D	C	B	A	J	I	H	G

〈生年月日計算表〉

1973年

	1	2	3	4	5	6	7	8	9	10	11	12	13	14	15	16	17	18	19	20	21	22	23	24	25	26	27	28	29	30	31
1月	G	F	E	D	C	B	A	J	I	H	G	F	E	B	A	J	G	F	E	D	C	B	A	J	I	H	G	F	E	D	C
2月	B	A	J	I	J	G	H	E	F	C	D	I	J	G	H	E	F	C	B	I	J	G	H	E	F	C	D	A	B		
3月	I	J	G	H	E	E	D	C	B	A	J	I	H	G	F	E	D	C	B	A	J	I	H	G	F	E	D	C	B	A	J
4月	I	H	G	F	E	D	C	B	A	J	I	H	G	D	C	B	H	E	F	C	D	A	B	I	J	G	H	E	F	C	
5月	D	A	B	I	I	J	G	H	E	F	C	F	C	D	A	B	I	J	G	H	A	B	I	J	G	H	E	F	C	D	A	B
6月	I	I	H	G	F	E	G	H	E	F	C	D	C	B	A	J	I	H	G	F	E	D	C	B	A	J	I	F	E	D	C	B	A
7月	J	I	H	G	F	E	D	C	B	A	J	I	H	G	F	C	B	A	D	E	D	A	B	I	J	G	H	E	F	E	D	C
8月	A	J	I	H	G	F	E	C	D	A	B	I	J	G	H	E	F	G	H	E	D	A	B	I	J	G	H	E	F	E	D	
9月	A	B	I	J	G	H	E	E	D	C	B	A	J	I	H	G	F	E	D	C	B	A	J	I	I	H	G	F	E	D	
10月	B	A	J	I	H	G	F	E	D	C	B	A	J	I	H	G	B	A	J	B	I	J	G	H	E	F	C	D	A	B	I
11月	J	G	H	E	F	C	J	G	H	E	F	C	D	A	B	I	J	G	F	C	D	A	B	I	J	G	H	E	F		
12月	D	A	B	I	J	G	G	F	E	D	C	B	A	J	I	H	G	F	E	D	C	B	A	J	I	H	G	F	E	D	C

1974年

	1	2	3	4	5	6	7	8	9	10	11	12	13	14	15	16	17	18	19	20	21	22	23	24	25	26	27	28	29	30	31
1月	B	A	J	I	H	G	F	E	D	C	B	A	J	I	I	F	E	D	A	J	I	H	G	F	E	D	C	B	A	J	I	H
2月	G	F	E	C	D	A	B	I	J	G	F	C	D	A	J	I	H	G	F	C	D	A	B	I	J	G	H	E			
3月	F	C	D	A	B	J	I	H	G	F	E	D	C	B	A	J	I	H	G	F	E	D	C	B	A	J	I	H	G	F	E
4月	D	C	B	A	J	I	H	G	F	E	D	C	B	I	H	G	A	B	I	J	G	H	E	F	C	D	A	B	I	J	
5月	G	H	E	F	C	D	A	B	I	J	I	J	G	H	E	F	C	D	A	H	E	F	C	D	A	B	I	J	G	H	E
6月	F	C	D	A	B	B	A	J	I	H	G	F	E	D	C	B	A	J	I	H	G	F	E	D	A	J	I	H	G	F	
7月	E	D	C	B	A	J	I	H	G	F	E	D	C	B	A	H	G	F	I	H	G	F	E	D	C	B	A	J	I	H	G
8月	F	E	D	C	B	A	J	J	G	H	E	F	C	D	A	B	I	D	C	A	B	G	H	E	F	C	D	A	B	I	J	G
9月	H	E	F	C	D	A	B	I	J	G	H	E	F	C	D	A	B	A	F	E	D	F	C	D	A	B	I	J	G	H	
10月	G	F	E	D	C	B	A	J	I	H	G	F	E	D	C	B	A	F	E	D	F	C	D	A	B	I	J	G	H	E	F
11月	C	D	A	B	I	J	G	D	A	B	I	J	G	H	E	F	C	D	A	J	G	H	E	F	C	D	A	B	I	J	
12月	G	H	E	F	C	D	B	A	J	I	H	G	F	E	D	C	B	A	J	I	H	G	F	E	D	C	B	A	J	I	H

1975年

	1	2	3	4	5	6	7	8	9	10	11	12	13	14	15	16	17	18	19	20	21	22	23	24	25	26	27	28	29	30	31
1月	G	F	E	D	C	B	A	J	I	H	G	F	E	D	A	J	I	F	E	D	C	B	A	J	I	H	G	F	E	D	C
2月	B	A	J	I	J	G	H	E	F	C	D	I	J	G	H	E	F	C	B	I	J	G	H	E	F	C	D	A	B		
3月	I	J	G	H	E	E	D	C	B	A	J	I	H	G	F	E	D	C	B	A	J	I	H	G	F	E	D	C	B	A	J
4月	I	H	G	F	E	D	C	B	A	J	I	H	G	D	C	B	H	E	F	C	D	A	B	I	J	G	H	E	F	C	
5月	D	A	B	I	I	J	G	H	E	F	C	F	C	D	A	B	I	J	G	H	A	B	I	J	G	H	E	F	C	D	A	B
6月	I	I	J	G	H	E	G	F	E	D	C	B	A	J	I	H	G	F	E	D	C	B	A	J	I	H	G	F	E	D	
7月	J	I	H	G	F	E	D	A	B	A	J	I	H	G	F	E	B	A	J	I	H	G	F	E	D	C	B	A	J	I	H
8月	A	J	I	H	G	F	E	C	D	A	B	I	J	G	H	E	F	G	H	E	D	A	B	I	J	G	H	E	F	C	D
9月	A	B	I	J	G	H	E	E	D	C	B	A	J	I	H	G	F	E	D	C	B	A	J	I	I	H	G	F	E	D	
10月	B	A	J	I	H	G	F	E	D	C	B	A	J	I	H	G	F	A	J	I	I	J	G	H	E	F	C	D	A	B	I
11月	J	G	H	E	F	C	D	G	H	E	F	C	D	A	B	I	J	G	H	C	D	A	B	I	J	G	H	E	F	C	
12月	D	A	B	I	J	G	H	F	E	D	C	B	A	J	I	H	G	F	E	D	C	B	A	J	I	H	G	F	E	D	C

179

1982年

	1	2	3	4	5	6	7	8	9	10	11	12	13	14	15	16	17	18	19	20	21	22	23	24	25	26	27	28	29	30	31
1月	J	I	H	G	F	E	D	C	B	A	J	I	H	G	D	C	B	I	H	G	F	E	D	C	B	A	J	I	H	G	F
2月	E	D	C	A	B	I	J	G	H	E	D	A	B	I	J	G	H	C	D	A	B	I	J	G	H	E	F	C			
3月	D	A	B	I	J	H	G	F	E	D	C	B	A	J	I	H	G	F	E	D	C	B	A	J	I	H	G	F	E	D	C
4月	B	A	J	I	H	G	F	E	D	C	B	A	J	G	F	E	I	I	J	G	H	E	F	C	D	A	B	I	J	G	H
5月	E	F	C	D	A	B	I	J	G	H	G	H	E	F	C	D	A	B	I	F	C	D	A	B	I	J	G	H	E	F	C
6月	D	A	B	I	J	I	H	G	F	E	D	C	B	A	J	I	H	G	F	E	D	C	B	I	J	G	H	E	F	G	
7月	C	B	A	J	I	H	G	F	E	D	C	B	A	J	I	F	E	D	G	F	E	D	C	B	A	J	I	H	G	F	E
8月	D	C	B	A	J	I	H	H	E	F	C	D	A	B	I	J	G	B	I	J	E	F	C	D	A	B	I	J	G	H	E
9月	F	C	D	A	B	I	J	H	G	F	E	D	C	B	A	J	I	H	G	F	E	D	C	B	A	J	I	H	G	F	
10月	E	D	C	B	A	J	I	H	G	F	E	D	C	B	A	J	I	D	C	B	D	A	B	I	J	G	H	E	F	C	D
11月	A	B	I	J	G	H	E	B	I	J	G	H	E	F	C	D	A	B	I	H	E	F	C	D	A	B	I	J	G	H	
12月	E	F	C	D	A	B	J	I	I	H	G	F	E	D	C	B	A	J	I	H	G	F	E	D	C	B	A	J	I	H	G	F

1983年

	1	2	3	4	5	6	7	8	9	10	11	12	13	14	15	16	17	18	19	20	21	22	23	24	25	26	27	28	29	30	31
1月	E	D	C	B	A	J	I	H	G	F	E	D	C	B	I	H	G	D	C	B	A	J	I	H	G	F	E	D	C	B	A
2月	D	J	I	H	G	F	E	D	C	B	G	B	G	H	E	D	A	B	I	J											
3月	G	H	E	F	C	C	B	A	J	I	H	G	F	E	D	C	B	A	J	I	H	G	F	E	D	C	B	A	J	I	H
4月	G	F	E	D	C	B	A	J	I	H	G	F	E	B	A	J	F	C	D	A	B	I	J	G	H	E	F	C	D	A	
5月	B	I	J	G	H	E	F	C	D	A	D	A	B	I	J	G	H	E	F	I	I	J	G	H	E	F	C	D	A	B	I
6月	G	H	E	F	C	E	D	C	B	A	J	I	H	G	F	E	D	C	B	A	J	I	H	G	D	C	B	A	J	I	
7月	H	G	F	E	D	C	B	A	J	I	H	G	F	E	D	C	J	I	H	A	J	I	H	G	F	E	D	C	B	A	J
8月	I	H	G	F	E	D	C	A	B	I	J	G	H	E	F	C	B	E	F	C	B	I	J	G	H	E	F	C	D	A	B
9月	I	J	G	H	E	F	C	C	B	A	J	I	H	G	F	E	D	C	B	A	J	I	H	G	F	E	D	C	B	A	
10月	J	I	H	G	F	E	D	C	B	A	J	I	H	G	F	E	D	I	H	G	G	H	E	F	C	D	A	B	I	I	J
11月	H	E	F	C	D	A	B	E	F	C	D	A	B	I	I	J	G	H	E	F	A	B	I	I	J	G	H	E	F	C	D
12月	B	I	J	G	H	E	F	D	C	B	A	J	I	H	G	F	E	D	C	B	A	J	I	H	G	F	E	D	C	B	A

1984年

	1	2	3	4	5	6	7	8	9	10	11	12	13	14	15	16	17	18	19	20	21	22	23	24	25	26	27	28	29	30	31
1月	J	I	H	G	F	E	D	C	B	A	J	I	H	G	D	C	B	I	H	G	F	E	D	C	B	A	J	I	H	G	F
2月	E	D	C	B	B	I	I	J	G	H	E	F	A	B	I	J	G	H	E	D	A	B	I	J	G	H	E	F	C	D	
3月	A	B	I	J	H	G	F	E	D	C	B	A	J	I	H	G	F	E	D	C	B	A	J	I	H	G	F	E	D	C	B
4月	A	J	I	H	G	F	E	D	C	B	A	J	G	F	E	I	I	J	G	H	E	F	C	D	A	B	I	J	G	H	E
5月	F	C	D	A	B	I	I	J	H	G	F	E	D	C	B	A	J	I	F	C	D	A	B	I	J	G	H	E	F	C	D
6月	A	B	I	J	I	H	G	F	E	D	C	B	A	J	I	H	G	F	E	D	C	B	I	H	G	F	E	D	C		
7月	B	A	J	I	H	G	F	E	D	C	B	A	J	I	H	E	D	C	F	E	D	C	B	A	J	I	H	G	F	E	D
8月	C	B	A	J	I	H	H	E	F	C	D	A	B	I	J	G	B	I	J	E	F	C	D	A	B	I	J	G	H	E	F
9月	C	D	A	B	I	J	H	G	F	E	D	C	B	A	J	I	H	G	F	E	D	C	B	A	J	I	H	G	F	E	
10月	D	C	B	A	J	I	H	G	F	E	D	C	B	A	J	I	D	C	B	D	A	B	I	J	G	H	E	F	C	D	A
11月	B	I	J	G	H	E	B	I	J	G	H	E	F	C	D	A	B	I	H	E	F	C	D	A	B	I	J	G	H	E	
12月	F	C	D	A	B	I	I	H	G	F	E	D	C	B	A	J	I	H	G	F	E	D	C	B	A	J	I	H	G	F	E

〈生年月日計算表〉

1979年

	1	2	3	4	5	6	7	8	9	10	11	12	13	14	15	16	17	18	19	20	21	22	23	24	25	26	27	28	29	30	31
1月	F	E	D	C	B	A	J	I	H	G	F	E	D	C	J	I	H	E	D	C	B	A	J	I	H	G	F	E	D	C	B
2月	A	J	I	G	H	E	F	C	D	A	J	G	H	E	F	C	D	I	J	G	H	E	F	C	D	A	B	I			
3月	J	G	H	E	F	D	C	B	A	J	I	H	G	F	E	D	C	B	A	J	I	H	G	F	E	D	C	B	A	J	I
4月	H	G	F	E	D	C	B	A	J	I	H	G	F	C	B	A	E	F	C	D	A	B	I	J	G	H	E	F	C	D	
5月	A	B	I	J	G	H	E	F	C	D	C	D	A	B	I	J	G	H	E	B	I	J	G	H	E	F	C	D	A	B	I
6月	J	G	H	E	F	F	E	D	C	B	A	J	I	H	G	F	E	D	C	B	A	J	I	H	E	D	C	B	A	J	
7月	I	H	G	F	E	D	C	B	A	J	I	H	G	F	E	D	A	J	I	H	E	F	A	B	I	J	G	H	E	F	C
8月	J	I	H	G	F	E	D	D	A	B	I	J	G	H	E	F	C	H	E	F	A	B	I	J	G	H	E	F	C	D	A
9月	B	I	J	G	H	E	F	D	C	B	A	J	I	H	G	F	E	D	C	B	A	J	I	H	G	F	E	D	C	B	
10月	A	J	I	H	G	F	E	D	C	B	A	J	I	H	G	F	E	J	I	H	J	G	H	E	F	C	D	A	B	I	
11月	G	H	E	F	C	D	A	H	E	F	C	D	A	B	I	J	G	H	E	D	A	B	I	J	G	H	E	F	C	D	
12月	A	B	I	J	G	H	E	E	D	C	B	A	J	I	H	G	F	E	D	C	B	A	J	I	H	G	F	E	D	C	B

1980年

	1	2	3	4	5	6	7	8	9	10	11	12	13	14	15	16	17	18	19	20	21	22	23	24	25	26	27	28	29	30	31
1月	A	J	I	H	G	F	E	D	C	B	A	J	I	H	E	D	C	J	I	H	G	F	E	D	C	B	A	J	I	H	G
2月	F	E	D	C	A	B	I	I	J	G	H	E	D	A	B	I	J	G	H	C	D	A	B	I	J	G	H	E	F	C	
3月	D	A	B	I	I	H	G	F	E	D	C	B	A	J	G	F	E	D	C	B	A	J	I	H	G	F	E	D	C		
4月	B	A	J	I	H	G	F	E	D	C	B	A	J	G	F	E	I	J	G	F	E	D	C	B	A	J	I	H	G	F	
5月	E	F	C	D	A	B	I	I	J	G	J	G	H	E	F	C	D	A	B	E	F	C	D	A	B	I	J	G	H	E	F
6月	D	A	B	I	A	J	I	H	G	F	E	D	C	B	A	J	I	H	G	F	E	D	C	J	I	H	G	F	E	D	
7月	C	B	A	J	I	H	G	F	E	D	C	B	A	J	I	F	E	D	G	F	E	D	C	B	A	J	I	H	G	F	E
8月	D	C	B	A	J	I	G	H	E	F	C	D	A	B	I	I	J	A	B	I	H	E	F	C	D	A	B	I	J	G	H
9月	F	C	D	A	B	I	J	G	H	E	F	C	D	A	B	I	J	G	H	E	F	C	D	A	B	I	J	G	H	F	
10月	E	D	C	B	A	J	I	H	G	F	E	D	A	J	E	D	C	C	D	A	B	I	J	G	H	E	F	C	D		
11月	A	B	I	J	G	H	A	B	I	I	J	G	H	E	F	C	D	A	B	I	J	G	H	E	D	A	B	I	J	G	H	
12月	E	F	C	D	A	B	J	I	H	G	F	E	D	C	B	A	J	I	H	G	F	E	D	C	B	A	J	I	H	G	F

1981年

	1	2	3	4	5	6	7	8	9	10	11	12	13	14	15	16	17	18	19	20	21	22	23	24	25	26	27	28	29	30	31
1月	E	D	C	B	A	J	I	H	G	F	E	D	C	J	I	H	E	D	C	B	A	J	I	H	G	F	E	D	C	B	A
2月	J	I	H	H	E	F	C	D	A	B	G	H	E	F	C	D	A	J	G	H	E	F	C	D	A	B	I	J			
3月	G	H	E	F	C	C	B	A	J	I	H	G	F	E	D	C	B	A	J	I	H	G	F	E	D	C	B	A	J	I	H
4月	G	F	E	D	C	B	A	J	I	H	G	F	E	B	A	J	F	C	D	A	B	I	J	G	H	E	F	C	D	A	
5月	B	I	J	G	H	E	F	C	D	C	D	A	B	I	J	G	H	E	B	I	J	G	H	E	F	C	D	A	B	I	J
6月	G	H	E	F	C	D	A	B	I	J	G	H	F	C	D	A	B	I	J	G	H	E	D	C	B	A	J	I	H	G	
7月	H	G	F	E	D	C	B	A	J	I	H	G	F	E	D	A	J	I	H	G	F	E	D	C	B	A	J	I	H	G	F
8月	I	H	G	F	E	D	D	A	B	I	J	G	H	E	F	C	H	E	F	A	B	I	J	G	H	E	F	C	D	A	B
9月	I	J	G	H	E	F	C	C	B	A	J	I	H	G	F	E	D	C	B	A	J	I	H	G	F	E	D	C	B	A	
10月	J	I	H	G	F	E	D	C	B	A	J	I	H	G	F	E	J	I	H	E	F	C	D	A	B	I	J	G			
11月	H	E	F	C	D	A	H	E	F	C	D	A	B	I	J	G	H	E	D	A	B	I	J	G	H	E	F	C	D	A	
12月	B	I	J	G	H	E	E	D	C	B	A	J	I	H	G	F	E	D	C	B	A	J	I	H	G	F	E	D	C	B	A

1988年

	1	2	3	4	5	6	7	8	9	10	11	12	13	14	15	16	17	18	19	20	21	22	23	24	25	26	27	28	29	30	31
1月	I	H	G	F	E	D	C	B	A	J	I	H	G	F	C	B	A	H	G	F	E	D	C	B	A	J	I	H	G	F	E
2月	D	C	B	B	I	J	G	H	E	F	A	B	I	J	G	H	E	D	A	B	I	J	G	H	E	F	C	D	A		
3月	B	I	J	G	G	F	E	D	C	B	A	J	I	H	G	F	E	D	C	B	A	J	I	H	G	F	E	D	C	B	A
4月	J	I	H	G	F	E	D	C	B	A	J	I	F	E	D	J	G	H	E	F	C	D	A	B	I	J	G	H	E	F	
5月	C	D	A	B	I	J	G	H	E	H	E	F	C	D	A	B	I	J	C	D	A	B	I	J	G	H	E	F	C	D	A
6月	B	I	J	G	I	H	G	F	E	D	C	B	A	J	I	H	G	F	E	D	C	B	A	H	G	F	E	D	C	B	
7月	A	J	I	H	G	F	E	D	C	B	A	J	I	H	G	F	E	D	C	B	A	J	I	H	G	F	E	D	C	B	A
8月	B	A	J	I	H	G	E	F	C	D	A	B	I	J	G	H	I	J	G	H	E	F	C	D	A	B	I	J	G	H	E
9月	D	A	B	I	J	G	G	F	E	D	C	B	A	J	I	H	G	F	E	D	C	B	A	J	I	H	G	F	E	D	
10月	C	B	A	J	I	H	G	F	E	D	C	B	A	J	I	H	C	B	A	A	B	I	J	G	H	E	F	C	D	A	B
11月	I	J	G	H	E	F	I	J	G	H	E	F	C	D	A	B	I	J	E	F	C	D	A	B	I	J	G	H	E	F	
12月	C	D	A	B	I	J	H	G	F	E	D	C	B	A	J	I	H	G	F	E	D	C	B	A	J	I	H	G	F	E	D

1989年

	1	2	3	4	5	6	7	8	9	10	11	12	13	14	15	16	17	18	19	20	21	22	23	24	25	26	27	28	29	30	31
1月	C	B	A	J	I	H	G	F	E	D	C	B	A	H	G	F	C	B	A	J	I	H	G	F	E	D	C	B	A	J	I
2月	H	G	F	F	C	D	A	B	I	J	E	F	C	D	A	B	I	H	G	F	C	D	A	B	I	J	G	H			
3月	E	F	C	D	B	A	J	I	H	G	F	E	D	C	B	A	J	I	H	G	F	E	D	C	B	A	J	I	H	G	F
4月	E	D	C	B	A	J	I	H	G	F	E	D	C	J	I	H	D	A	B	I	J	G	H	E	F	C	D	A	B	I	
5月	J	G	H	E	F	C	D	A	B	A	B	I	J	G	H	E	F	C	J	G	H	E	F	C	D	A	B	I	J	G	H
6月	E	F	C	D	A	C	B	A	J	I	H	G	F	E	D	C	B	A	J	I	H	G	F	E	B	A	J	I	H	G	
7月	F	E	D	C	B	A	J	I	H	G	F	E	D	C	B	I	H	G	J	I	H	G	F	E	D	C	B	A	J	I	H
8月	G	F	E	D	C	B	B	I	J	G	H	E	F	C	D	A	F	C	D	I	J	G	H	E	F	C	D	A	B	I	J
9月	G	H	E	F	C	D	A	A	J	I	H	G	F	E	D	C	B	A	J	I	H	G	F	E	D	C	B	A	J	I	
10月	H	G	F	E	D	C	B	A	J	I	H	C	H	G	F	E	D	C	H	G	F	E	F	C	D	A	B	I	J	G	H
11月	F	C	D	A	B	I	F	C	D	A	B	I	J	G	H	E	F	C	B	I	J	G	H	E	F	C	D	A	B	I	
12月	J	G	H	E	F	C	C	B	A	J	I	H	G	F	E	D	C	B	A	J	I	H	G	F	E	D	C	B	A	J	I

1990年

	1	2	3	4	5	6	7	8	9	10	11	12	13	14	15	16	17	18	19	20	21	22	23	24	25	26	27	28	29	30	31
1月	H	G	F	E	D	C	B	A	J	I	H	G	F	C	B	A	H	G	F	E	D	C	B	A	J	I	H	G	F	E	D
2月	C	B	A	I	J	G	H	E	F	C	B	I	J	G	H	E	F	A	B	I	J	G	H	E	F	C	D	A			
3月	B	I	J	G	H	F	E	D	C	B	A	J	I	H	G	F	E	D	C	B	A	J	I	H	G	F	E	D	C	B	A
4月	J	I	H	G	F	E	D	C	B	A	J	I	H	E	D	C	G	H	E	F	C	D	A	B	I	J	G	H	E	F	
5月	C	D	A	B	I	J	G	H	E	F	E	F	C	D	A	B	I	J	G	D	A	B	I	J	G	H	E	F	C	D	A
6月	B	I	J	G	H	E	F	C	D	A	B	I	J	G	H	E	F	C	B	A	J	I	H	G	F	E	D	C	B	A	
7月	A	J	I	H	G	F	E	D	C	B	A	J	I	H	G	D	C	B	E	D	C	B	A	J	I	H	G	F	E	D	C
8月	B	A	J	I	H	G	F	F	C	D	A	B	I	J	G	H	E	J	G	H	E	F	C	D	A	B	I	J	G	H	E
9月	D	A	B	I	J	G	H	F	E	D	C	B	A	J	I	H	G	F	E	D	C	B	A	J	I	H	G	F	E	D	
10月	C	B	A	J	I	H	G	F	E	D	C	B	A	J	I	H	C	B	A	A	B	I	J	G	H	E	F	C	D	A	B
11月	I	J	G	H	E	F	C	J	G	H	E	F	C	D	A	B	I	J	G	F	C	D	A	B	I	J	G	H	E	F	
12月	C	D	A	B	I	J	H	G	F	E	D	C	B	A	J	I	H	G	F	E	D	C	B	A	J	I	H	G	F	E	D

1985年

	1	2	3	4	5	6	7	8	9	10	11	12	13	14	15	16	17	18	19	20	21	22	23	24	25	26	27	28	29	30	31
1月	D	C	B	A	J	I	H	G	F	E	D	C	B	I	H	G	F	E	D	C	B	I	H	G	F	E	D	C	B	A	J
2月	I	H	G	F	E	F	C	D	A	B	I	H	E	F	C	D	A	B	G	H	E	F	C	D	A	B	I	J	G		
3月	H	E	F	C	D	B	A	J	I	H	G	F	E	D	C	B	A	J	I	H	G	F	E	D	C	B	A	J	I	H	G
4月	F	E	D	C	B	A	J	I	H	G	F	E	D	A	J	I	C	D	A	B	I	J	G	H	E	F	C	D	A	B	
5月	I	J	G	H	E	F	C	D	A	D	A	B	I	J	G	H	E	F	I	J	G	H	E	F	C	D	A	B	I	J	G
6月	H	E	F	C	D	D	C	B	A	J	I	H	G	F	E	D	C	B	A	J	I	H	G	F	C	B	A	J	I	H	
7月	G	F	E	D	C	B	A	J	I	H	G	F	E	D	C	J	I	H	A	J	I	H	G	F	E	D	C	B	A	J	I
8月	H	G	F	E	D	C	B	A	J	I	H	G	F	E	D	E	F	C	B	I	J	G	H	E	F	C	D	A	B	I	
9月	J	G	H	E	F	C	D	B	A	J	I	H	G	F	E	D	C	B	A	J	I	H	G	F	E	D	C	B	A	J	I
10月	I	H	G	F	E	D	C	B	A	J	I	H	G	F	E	D	I	H	G	G	H	E	F	C	D	A	B	I	J	G	H
11月	E	F	C	D	A	B	E	F	C	D	A	B	I	J	G	H	E	F	A	B	I	J	G	H	E	F	C	D	A	B	
12月	I	J	G	H	E	F	D	C	B	A	J	I	H	G	F	E	D	C	B	A	J	I	H	G	F	E	D	C	B	A	J

1986年

	1	2	3	4	5	6	7	8	9	10	11	12	13	14	15	16	17	18	19	20	21	22	23	24	25	26	27	28	29	30	31
1月	I	H	G	F	E	D	C	B	A	J	I	H	G	F	C	B	A	H	G	F	E	D	C	B	A	J	I	H	G	F	E
2月	D	C	B	B	I	J	G	H	E	F	A	B	I	J	G	H	E	D	A	B	I	J	G	H	E	F	C	D			
3月	A	B	I	J	G	G	F	E	D	C	B	A	J	I	H	G	F	E	D	C	B	A	J	I	H	G	F	E	D	C	A
4月	A	J	I	H	G	F	E	D	C	B	A	J	I	F	E	D	J	G	H	E	F	C	D	A	B	I	J	G	H	E	
5月	F	C	D	A	B	I	J	G	H	E	H	E	F	C	D	A	B	I	J	C	D	A	B	I	J	G	H	E	F	C	D
6月	A	B	I	J	G	I	H	G	F	E	D	C	B	A	J	I	H	G	F	E	D	C	B	A	H	G	F	E	D	C	
7月	B	A	J	I	H	G	F	E	D	C	B	A	J	I	H	E	D	C	F	E	D	C	B	A	J	I	H	G	F	E	D
8月	C	B	A	J	I	H	G	E	F	C	D	A	B	I	J	G	I	J	G	F	C	D	A	B	I	J	G	H	E	F	
9月	C	D	A	B	I	J	G	G	F	E	D	C	B	A	J	I	H	G	F	E	D	C	B	A	I	H	G	F	E		
10月	D	C	B	A	J	I	H	G	F	E	D	C	B	A	J	I	D	C	B	D	A	B	I	J	G	H	E	F	C	D	A
11月	B	I	J	G	H	E	F	I	J	G	H	E	F	C	D	A	B	I	J	E	F	C	D	A	B	I	J	G	H	E	
12月	F	C	D	A	B	I	I	H	G	F	E	D	C	B	A	J	I	H	G	F	E	D	C	B	A	J	I	H	G	F	E

1987年

	1	2	3	4	5	6	7	8	9	10	11	12	13	14	15	16	17	18	19	20	21	22	23	24	25	26	27	28	29	30	31
1月	D	C	B	A	J	I	H	G	F	E	D	C	B	A	H	G	F	E	C	B	A	J	I	H	G	F	E	D	C	B	A	J
2月	I	H	G	F	E	D	C	A	B	I	H	E	F	C	D	A	B	G	H	E	F	C	D	A	B	I	I	J	G		
3月	H	E	F	C	D	B	A	J	I	H	G	F	E	D	C	B	A	J	I	H	G	F	E	D	C	B	A	J	I	H	G
4月	F	E	D	C	B	A	J	I	H	G	F	E	D	A	J	I	C	D	A	B	I	J	G	H	E	F	C	D	A	B	
5月	I	J	G	H	E	F	C	D	A	B	A	B	I	J	G	H	E	F	C	J	G	H	E	F	C	D	A	B	I	J	G
6月	H	E	F	C	D	D	C	B	A	J	I	H	G	F	E	D	C	B	A	J	I	H	G	F	C	B	A	J	I	H	
7月	G	F	E	D	C	B	A	J	I	H	G	F	E	D	C	B	I	H	G	J	I	H	G	F	E	D	C	B	A	J	I
8月	H	G	F	E	D	C	B	B	I	H	G	E	F	C	D	A	B	I	J	G	I	J	G	F	E	D	C	B	A	B	I
9月	J	G	H	E	F	C	D	B	A	J	I	H	G	F	E	D	C	B	A	J	I	H	G	F	E	D	C	B	A	J	I
10月	I	H	G	F	E	D	C	B	A	J	I	H	G	F	E	D	C	H	G	G	H	E	F	C	D	A	B	I	J	G	H
11月	E	F	C	D	A	B	I	F	C	D	A	B	I	J	G	H	E	F	C	J	G	H	E	F	C	D	A	B			
12月	I	J	G	H	E	F	C	C	B	A	J	I	H	G	F	E	D	C	B	A	J	I	H	G	F	E	D	C	B	A	J

1994年

	1	2	3	4	5	6	7	8	9	10	11	12	13	14	15	16	17	18	19	20	21	22	23	24	25	26	27	28	29	30	31
1月	G	F	E	D	C	B	A	J	I	H	G	F	E	B	A	J	G	F	E	D	C	B	A	J	I	H	G	F	E	D	C
2月	B	A	J	J	G	H	E	F	C	D	I	J	G	H	E	F	C	B	I	J	G	H	E	F	C	D	A	B			
3月	I	I	J	G	H	E	E	D	C	B	A	J	I	I	H	G	F	E	D	C	B	A	J	I	I	H	G	F	E	D	C
4月	I	H	G	F	E	D	C	B	A	J	I	H	G	D	C	B	H	E	F	C	D	A	B	I	J	G	H	E	F	C	
5月	D	A	B	I	J	G	H	E	F	C	F	C	D	A	B	I	J	G	H	A	B	I	J	G	H	E	F	C	D	A	B
6月	I	I	J	G	H	E	G	F	E	D	C	B	A	J	I	I	H	G	F	E	D	C	B	A	J	I	I	F	E	D	C
7月	J	I	H	G	F	E	D	C	B	A	J	I	I	H	G	F	C	B	A	D	C	B	A	J	I	I	H	G	F	E	D
8月	A	J	I	H	G	F	E	C	D	A	J	I	J	G	H	E	F	G	E	D	C	B	A	J	I	I	H	G	F	E	C
9月	A	B	I	J	G	H	E	E	D	C	B	A	J	I	H	G	F	E	D	C	B	A	J	I	I	H	G	F	E	D	
10月	B	A	J	I	H	G	F	E	D	C	B	A	J	I	H	G	B	A	J	B	I	J	G	H	E	F	C	D	A	B	I
11月	J	G	H	E	F	C	D	G	H	E	F	C	D	A	B	I	J	G	H	C	D	A	B	I	J	G	H	E	F	C	
12月	D	A	B	I	J	G	G	F	E	D	C	B	A	J	I	H	G	F	E	D	C	B	A	J	I	H	G	F	E	D	C

1995年

	1	2	3	4	5	6	7	8	9	10	11	12	13	14	15	16	17	18	19	20	21	22	23	24	25	26	27	28	29	30	31
1月	B	A	J	I	H	G	F	E	D	C	B	A	J	I	F	E	D	A	J	I	H	G	F	E	D	C	B	A	J	I	H
2月	G	F	E	C	D	A	B	I	J	G	F	C	D	A	B	I	J	E	F	C	D	A	B	I	J	G	H	E			
3月	F	C	D	A	B	I	I	H	G	F	E	D	C	B	A	J	I	H	G	F	E	D	C	B	A	J	I	H	G	F	E
4月	D	C	B	A	J	I	I	H	G	F	E	D	C	B	H	G	A	B	I	J	G	H	E	F	C	D	A	B	I	J	
5月	G	H	E	F	C	D	A	B	I	J	I	J	G	H	E	F	C	D	A	H	A	B	I	J	G	H	E	F	C	D	A
6月	F	C	D	A	B	B	A	J	I	H	G	F	E	D	C	B	A	J	I	H	G	F	E	D	A	I	I	H	G	F	
7月	E	D	C	B	A	J	I	I	H	G	F	E	D	C	B	A	H	G	F	I	H	G	F	E	D	C	B	A	J	I	H
8月	F	E	D	C	B	A	J	J	G	H	E	F	C	D	A	B	I	D	A	B	G	H	E	F	C	D	A	B	I	J	G
9月	H	E	F	C	D	A	B	I	J	I	H	G	F	E	D	C	B	A	J	I	H	G	F	E	D	C	B	A	J	I	
10月	G	F	E	D	C	B	A	J	I	H	G	F	E	D	C	B	A	F	E	D	F	C	D	A	B	I	J	G	H	E	F
11月	C	D	A	B	I	J	G	D	A	B	I	J	G	H	E	F	C	D	A	J	G	H	E	F	C	D	A	B	I	J	
12月	G	H	E	F	C	D	B	A	J	I	H	G	F	E	D	C	B	A	J	I	I	H	G	F	E	D	C	B	A	J	I

1996年

	1	2	3	4	5	6	7	8	9	10	11	12	13	14	15	16	17	18	19	20	21	22	23	24	25	26	27	28	29	30	31
1月	G	F	E	D	C	B	A	J	I	H	G	F	E	D	A	J	I	F	E	D	C	B	A	J	I	H	G	F	E	D	C
2月	B	A	J	J	G	H	E	F	C	D	I	J	G	H	E	F	C	B	I	J	G	H	E	F	C	D	A	B	I		
3月	J	G	H	E	E	D	C	B	A	J	I	H	G	F	E	D	C	B	A	J	I	H	G	F	E	D	C	B	A	J	I
4月	H	G	F	E	D	C	B	A	J	I	H	G	D	C	B	H	E	F	C	D	A	B	I	J	G	H	E	F	C	D	
5月	A	B	I	J	G	H	E	F	C	F	C	D	A	B	I	J	G	H	A	B	I	J	G	H	E	F	C	D	A	B	I
6月	J	I	I	J	G	F	E	D	C	B	A	J	I	H	G	F	E	D	C	B	A	I	F	E	D	C	B	A	J	I	
7月	H	G	F	E	D	C	B	A	J	I	I	H	G	F	E	B	A	J	C	B	A	J	I	I	H	G	F	E	D	C	B
8月	J	I	H	G	F	E	C	D	A	B	I	J	I	H	G	F	E	D	A	B	H	E	D	A	B	I	J	G	H	E	F
9月	B	I	J	G	H	E	E	D	C	B	A	J	I	H	G	F	E	D	C	B	A	J	I	H	G	F	E	D	C	B	
10月	A	J	I	H	G	F	E	D	C	B	A	J	I	H	G	F	A	J	I	I	J	G	H	E	F	C	D	A	B	I	J
11月	G	H	E	F	C	D	G	H	E	F	C	D	A	B	I	J	G	H	C	D	A	B	I	J	G	H	E	F	C	D	
12月	A	B	I	J	G	H	F	E	D	C	B	A	J	I	H	G	F	E	D	C	B	A	J	I	I	H	G	F	E	D	C	B

〈 生年月日計算表 〉

1991年

	1	2	3	4	5	6	7	8	9	10	11	12	13	14	15	16	17	18	19	20	21	22	23	24	25	26	27	28	29	30	31
1月	C	B	A	J	I	H	G	F	E	D	C	B	A	J	I	H	E	F	C	D	A	B	I	J	G	H					
2月	H	G	F	F	C	D	A	B	I	J	E	F	C	D	A	B	I	H	E	F	C	D	A	B	I	J	G	H			
3月	E	F	C	D	A	A	J	I	H	G	F	E	D	C	B	A	J	I	H	G	F	E	D	C	B	A	J	I	H	G	F
4月	E	D	C	B	A	J	I	H	G	F	E	D	C	J	I	H	D	A	B	I	J	G	H	E	F	C	D	A	B	I	
5月	J	G	H	E	F	C	D	A	B	I	B	I	J	G	H	E	F	C	D	G	H	E	F	C	D	A	B	I	J	G	H
6月	E	F	C	D	A	C	B	A	J	I	H	G	F	E	D	C	B	A	J	I	H	G	F	E	B	A	J	I	H	G	
7月	F	E	D	C	B	A	J	I	H	G	F	E	D	C	B	A	J	I	H	G	J	I	H	G	F	E	D	C	B	A	J	I
8月	G	F	E	D	C	B	A	J	I	J	G	H	E	F	C	D	A	B	C	D	A	B	I	J	G	H	E	F	C	D	A	B	I
9月	G	H	E	F	C	D	A	A	J	I	H	G	F	E	D	C	B	A	J	I	H	G	F	E	D	C	B	A	J	I	
10月	H	G	F	E	D	C	B	A	J	I	H	G	F	E	D	C	B	G	F	E	E	F	C	D	A	B	I	J	G	H	E
11月	F	C	D	A	B	I	J	C	D	A	B	I	J	G	H	E	F	C	D	I	J	G	H	E	F	C	D	A	B	I	
12月	J	G	H	E	F	C	B	A	J	I	H	G	F	E	D	C	B	A	J	I	H	G	F	E	D	C	B	A	J	I	

1992年

	1	2	3	4	5	6	7	8	9	10	11	12	13	14	15	16	17	18	19	20	21	22	23	24	25	26	27	28	29	30	31
1月	H	G	F	E	D	C	B	A	J	I	H	G	F	E	B	A	J	G	F	E	D	C	B	A	J	I	H	G	F	E	D
2月	C	B	A	I	J	G	H	E	F	C	B	I	J	G	H	E	F	A	B	I	J	G	H	E	F	C	D	A	B		
3月	I	I	J	G	H	F	E	D	C	B	A	J	I	H	G	F	E	D	C	B	A	I	H	G	F	E	D	C	B	A	J
4月	I	I	J	G	H	F	E	D	C	B	I	H	E	D	C	B	A	J	I	H	G	F	E	D	C	B	I	H	G	F	C
5月	D	A	B	I	J	G	H	E	F	E	F	C	D	A	B	I	J	G	H	E	F	C	D	A	B	I	J	G	H	E	D
6月	I	J	G	H	H	G	F	E	D	C	B	A	J	I	H	G	F	E	D	C	B	A	J	I	G	H	E	F	C	D	
7月	J	I	H	G	F	E	D	C	B	A	J	I	H	G	F	E	D	C	B	A	J	I	H	G	F	E	D	C	B	A	J
8月	A	J	I	H	G	F	F	C	D	A	B	I	J	G	H	E	F	C	D	A	B	I	J	G	H	E	F	C	D	A	B
9月	A	B	I	J	G	H	F	E	D	C	B	A	J	I	H	G	F	E	D	C	B	A	J	I	H	G	F	E	D	C	
10月	B	A	J	I	H	G	F	E	D	C	B	A	J	I	H	G	B	A	J	I	J	G	H	E	F	C	D	A	B	I	
11月	J	G	H	E	F	C	J	G	H	E	F	C	D	A	B	I	J	G	F	C	D	A	B	I	J	G	H	E	F	C	
12月	D	A	B	I	J	G	G	H	E	F	C	D	A	B	I	H	G	F	E	D	C	B	A	J	I	H	G	F	E	D	C

1993年

	1	2	3	4	5	6	7	8	9	10	11	12	13	14	15	16	17	18	19	20	21	22	23	24	25	26	27	28	29	30	31
1月	B	A	J	I	H	G	F	E	D	C	B	A	J	G	F	E	B	A	J	I	H	G	F	E	D	C	B	A	J	I	H
2月	G	F	E	C	D	A	B	I	J	G	F	C	D	A	B	I	J	E	F	C	D	A	B	I	J	G	H	E			
3月	F	C	D	A	A	J	I	H	G	F	E	D	C	B	A	J	I	H	G	F	E	D	C	B	A	J	I	H	G	F	E
4月	D	C	B	A	J	I	H	G	F	E	D	C	B	I	H	G	A	B	I	J	G	H	E	F	C	D	A	B	I	J	
5月	G	H	E	F	C	D	A	B	I	B	I	J	G	H	E	F	C	D	G	H	E	F	C	D	A	B	I	J	G	H	E
6月	E	D	C	B	A	B	B	A	J	I	H	G	F	E	D	C	B	A	J	I	H	G	F	E	D	A	J	I	H	G	
7月	F	E	D	C	B	A	J	I	H	G	F	E	D	C	B	A	J	I	H	G	F	E	D	C	B	A	J	I	H	G	
8月	F	E	D	C	B	A	J	I	H	G	F	E	D	C	B	A	J	I	H	G	F	E	D	C	B	A	J	I	H	G	F
9月	H	E	F	C	D	A	B	I	J	G	H	E	F	C	D	A	B	I	J	G	H	E	F	C	D	A	B	I	J	G	
10月	G	F	E	D	C	B	A	J	I	H	G	F	E	D	C	B	G	F	E	E	F	C	D	A	B	I	J	G	H	E	F
11月	C	D	A	B	I	J	C	D	A	B	I	J	G	H	E	F	C	D	I	J	G	H	E	F	C	D	A	B	I	J	
12月	G	H	E	F	C	D	B	A	J	I	H	G	F	E	D	C	B	A	J	I	H	G	F	E	D	C	B	A	J	I	H

2000年

	1	2	3	4	5	6	7	8	9	10	11	12	13	14	15	16	17	18	19	20	21	22	23	24	25	26	27	28	29	30	31
1月	F	E	D	C	B	A	J	I	H	G	F	E	D	C	J	I	H	E	D	C	B	A	J	I	H	G	F	E	D	C	B
2月	A	J	I	G	H	E	F	C	D	A	J	G	H	E	F	C	D	I	J	G	H	E	F	C	D	A	B	I	J		
3月	G	H	E	F	D	C	B	A	J	I	H	G	F	E	D	C	B	A	J	I	H	G	F	E	D	C	B	A	J	I	H
4月	G	F	E	D	C	B	A	J	I	H	G	F	C	B	A	E	F	C	D	A	B	I	J	G	H	E	F	C	D	A	
5月	B	I	J	G	H	E	F	C	D	C	D	A	B	I	J	G	H	E	B	I	J	G	H	E	F	C	D	A	B	I	J
6月	G	H	E	F	F	E	D	C	B	A	J	I	H	G	F	E	D	C	B	A	J	I	H	E	D	C	B	A	J	I	
7月	H	G	F	E	D	C	B	A	J	I	H	G	F	E	D	A	J	I	B	A	J	I	H	G	F	E	D	C	B	A	J
8月	I	H	G	F	E	D	D	A	B	I	J	G	H	E	F	C	H	E	F	A	B	I	J	G	H	E	F	C	D	A	B
9月	I	J	G	H	E	F	D	C	B	A	J	I	H	G	F	E	D	C	B	A	J	I	H	G	F	E	D	C	B	A	
10月	J	I	H	G	F	E	D	C	B	A	J	I	H	G	F	E	J	I	H	J	G	H	E	F	C	D	A	B	I	J	G
11月	H	E	F	C	D	A	H	E	F	C	D	A	B	I	J	G	H	E	D	A	B	I	J	G	H	E	F	C	D	A	
12月	B	I	J	G	H	E	E	D	C	B	A	J	I	H	G	F	E	D	C	B	A	J	I	H	G	F	E	D	C	B	A

2001年

	1	2	3	4	5	6	7	8	9	10	11	12	13	14	15	16	17	18	19	20	21	22	23	24	25	26	27	28	29	30	31
1月	J	I	H	G	F	E	D	C	B	A	J	I	H	E	D	C	J	I	H	G	F	E	D	C	B	A	J	I	H	G	F
2月	E	D	C	A	B	I	J	G	H	E	D	A	B	I	J	G	H	C	D	A	B	I	J	G	H	E	F	C			
3月	D	A	B	I	I	H	G	F	E	D	C	B	A	J	I	H	G	F	E	D	C	B	A	J	I	H	G	F	E	D	C
4月	B	A	J	I	H	G	F	E	D	C	B	A	J	I	H	G	F	E	D	C	B	A	J	I	H	G	F	E	D	C	
5月	E	F	C	D	A	B	I	J	G	J	G	H	E	F	C	D	A	B	E	F	C	D	A	B	I	J	G	H	E	F	C
6月	D	A	B	I	A	J	I	H	G	F	E	D	C	B	A	J	I	H	G	F	E	D	C	J	I	H	G	F	E	D	
7月	C	B	A	J	I	H	G	F	E	D	C	B	A	J	I	F	E	D	G	F	E	D	C	B	A	J	I	H	G	F	E
8月	D	C	B	A	J	I	G	H	E	F	C	D	A	B	I	J	A	B	I	H	E	F	C	D	A	B	I	J	G	H	E
9月	F	C	D	A	B	I	I	H	G	F	E	D	C	B	A	J	I	H	G	F	E	D	C	B	A	J	I	H	G	F	
10月	E	D	C	B	A	J	I	H	G	F	E	D	C	B	A	J	E	D	C	C	D	A	B	I	J	G	H	E	F	C	D
11月	A	B	I	J	G	H	A	B	I	J	G	H	E	F	C	D	A	B	G	H	E	F	C	D	A	B	I	J	G	H	
12月	E	F	C	D	A	B	J	I	H	G	F	E	D	C	B	A	J	I	H	G	F	E	D	C	B	A	J	I	H	G	F

2002年

	1	2	3	4	5	6	7	8	9	10	11	12	13	14	15	16	17	18	19	20	21	22	23	24	25	26	27	28	29	30	31
1月	E	D	C	B	A	J	I	H	G	F	E	D	C	J	I	H	E	D	C	B	A	J	I	H	G	F	E	D	C	B	A
2月	J	I	H	H	E	F	C	D	A	B	G	H	E	F	C	D	A	J	G	H	E	F	C	D	A	B	I	J			
3月	G	H	E	F	C	C	B	A	J	I	H	G	F	E	D	C	B	A	J	I	H	G	F	E	D	C	B	A	J	I	H
4月	G	F	E	D	C	B	A	J	I	H	G	F	E	B	A	J	F	C	D	A	B	I	J	G	H	E	F	C	D	A	
5月	B	I	J	G	H	E	F	C	D	A	D	A	B	I	J	G	H	E	F	I	J	G	H	E	F	C	D	A	B	I	J
6月	G	H	E	F	C	D	C	B	A	J	I	H	G	F	E	D	C	B	A	J	I	H	G	D	C	B	A	J	I	H	
7月	H	G	F	E	D	C	B	A	J	I	H	G	F	E	D	C	B	A	J	I	H	G	F	E	D	C	B	A	J	I	H
8月	I	H	G	F	E	D	C	A	B	I	J	G	H	E	F	C	D	A	C	B	I	J	G	H	E	F	C	D	A	B	I
9月	I	J	G	H	E	F	C	B	A	J	I	H	G	F	E	D	C	B	A	J	I	H	G	F	E	D	C	B	A		
10月	J	I	H	G	F	E	D	C	B	A	J	I	H	G	F	E	J	I	H	J	G	H	E	F	C	D	A	B	I	J	G
11月	H	E	F	C	D	A	H	E	F	C	D	A	B	I	J	G	H	E	D	A	B	I	J	G	H	E	F	C	D	A	
12月	B	I	J	G	H	E	E	D	C	B	A	J	I	H	G	F	E	D	C	B	A	J	I	H	G	F	E	D	C	B	A

〈 生年月日計算表 〉

1997年

	1	2	3	4	5	6	7	8	9	10	11	12	13	14	15	16	17	18	19	20	21	22	23	24	25	26	27	28	29	30	31
1月	A	J	I	H	G	F	E	D	C	B	A	J	I	F	E	D	A	J	I	H	G	F	E	D	C	B	A	J	I	H	G
2月	F	E	D	D	A	B	I	J	G	H	C	D	A	B	I	J	G	F	C	D	A	B	I	J	G	H	E	F			
3月	C	D	A	B	J	I	H	G	F	E	D	C	B	A	J	I	H	G	F	E	D	C	B	A	J	I	H	G	F	E	D
4月	C	B	A	J	I	H	G	F	E	D	C	B	A	H	G	F	B	I	J	G	H	E	F	C	D	A	B	I	J	G	
5月	H	E	F	C	D	A	B	I	J	I	J	G	H	E	F	C	D	A	H	E	F	C	D	A	B	I	J	G	H	E	F
6月	C	D	A	B	I	A	J	I	H	G	F	E	D	C	B	A	J	I	H	G	F	E	D	C	J	I	H	G	F	E	
7月	D	C	B	A	J	I	H	G	F	E	D	C	B	A	J	G	F	E	H	G	F	E	D	C	B	A	J	I	H	G	F
8月	E	D	C	B	A	J	I	G	H	E	F	C	D	A	B	I	D	A	B	G	H	E	F	C	D	A	B	I	J	G	H
9月	E	F	C	D	A	B	J	I	H	G	F	E	D	C	B	A	J	I	H	G	F	E	D	C	B	A	J	I	H	G	
10月	F	E	D	C	B	A	J	I	H	G	F	E	D	C	B	A	F	E	D	F	C	D	A	B	I	J	G	H	E	F	C
11月	D	A	B	I	J	G	D	A	B	I	J	G	H	E	F	C	D	A	J	I	G	H	E	F	C	D	A	B	I	J	G
12月	H	E	F	C	D	A	A	J	I	H	G	F	E	D	C	B	A	J	I	H	G	F	E	D	C	B	A	J	I	H	G

1998年

	1	2	3	4	5	6	7	8	9	10	11	12	13	14	15	16	17	18	19	20	21	22	23	24	25	26	27	28	29	30	31
1月	F	E	D	C	B	A	J	I	H	G	F	E	D	A	J	I	F	E	D	C	B	A	J	I	H	G	F	E	D	C	B
2月	A	J	I	G	H	E	F	C	D	A	J	G	H	E	F	C	D	I	J	G	H	E	F	C	D	A	B	I			
3月	J	G	H	E	F	D	C	B	A	J	I	H	G	F	E	D	C	B	A	J	I	H	G	F	E	D	C	B	A	J	I
4月	H	G	F	E	D	C	B	A	J	I	H	G	F	C	B	A	E	F	C	D	A	B	I	J	G	H	E	F	C	D	
5月	A	B	I	J	G	H	E	F	C	D	C	D	A	B	I	J	G	H	E	B	I	J	G	H	E	F	C	D	A	B	I
6月	J	G	H	E	F	F	E	D	C	B	A	J	I	H	G	F	E	D	C	B	A	J	I	H	E	D	C	B	A	J	
7月	I	H	G	F	E	D	C	B	A	J	I	H	G	F	E	B	A	J	C	B	A	J	I	H	G	F	E	D	C	B	A
8月	J	I	H	G	F	E	D	D	A	B	I	J	G	H	E	F	C	H	E	F	C	D	A	F	A	B	I	J	G	H	E
9月	B	I	J	G	H	E	F	D	C	B	A	J	I	H	G	F	E	D	C	B	A	J	I	H	G	F	E	D	C	B	
10月	A	J	I	H	G	F	E	D	A	H	E	F	C	D	A	B	I	H	G	F	A	J	I	I	I	J	G	H	E	F	C
11月	G	H	E	F	C	D	A	H	E	F	C	D	A	B	I	J	G	H	E	D	A	B	I	J	G	H	E	F	C	D	
12月	A	B	I	J	G	H	F	E	D	C	B	A	J	I	H	G	F	E	D	C	B	A	J	I	H	G	F	E	D	C	B

1999年

	1	2	3	4	5	6	7	8	9	10	11	12	13	14	15	16	17	18	19	20	21	22	23	24	25	26	27	28	29	30	31
1月	A	J	I	H	G	F	E	D	C	B	A	J	I	H	E	D	C	J	I	H	G	F	E	D	C	B	A	J	I	H	G
2月	F	E	D	D	A	B	I	J	G	H	C	D	A	B	I	J	G	F	C	D	A	B	I	J	G	H	E	F			
3月	C	D	A	B	I	I	H	G	F	E	D	C	B	A	J	I	H	G	F	E	D	C	B	A	J	I	H	G	F	E	D
4月	C	B	A	J	I	I	H	G	F	E	D	C	B	A	H	G	F	B	I	J	G	H	E	F	C	D	A	B	I	J	G
5月	H	E	F	C	D	A	B	I	J	G	J	G	H	E	F	C	D	A	B	E	F	C	D	A	B	I	J	G	H	E	F
6月	C	D	A	B	I	A	J	I	H	G	F	E	D	C	B	A	J	G	F	E	H	G	F	E	D	C	J	I	H	G	F
7月	D	C	B	A	J	I	H	G	F	E	D	C	B	A	J	G	F	E	H	G	F	E	D	C	B	A	J	I	H	G	F
8月	E	D	C	B	A	J	I	G	H	E	F	C	D	A	B	I	J	A	B	I	H	E	F	C	D	A	B	I	J	G	H
9月	E	F	C	D	A	B	I	I	H	G	F	E	D	C	B	A	J	I	H	G	F	E	D	C	B	A	J	I	H	G	
10月	F	E	D	C	B	A	J	I	H	G	F	E	D	C	B	A	J	E	D	C	C	D	A	B	I	J	G	H	E	F	C
11月	D	A	B	I	J	G	H	A	B	I	J	G	H	E	F	C	D	A	B	G	H	E	F	C	D	A	B	I	J	G	
12月	H	E	F	C	D	A	A	J	I	H	G	F	E	D	C	B	A	J	I	H	G	F	E	D	C	B	A	J	I	H	G

2006年

	1	2	3	4	5	6	7	8	9	10	11	12	13	14	15	16	17	18	19	20	21	22	23	24	25	26	27	28	29	30	31
1月	D	C	B	A	J	I	H	G	F	E	D	C	B	I	H	G	D	C	B	A	J	I	H	G	F	E	D	C	B	A	J
2月	I	H	G	E	F	C	D	A	B	I	H	E	F	C	D	A	B	G	H	E	F	C	D	A	B	I	J	G			
3月	H	E	F	C	D	B	A	J	I	H	G	F	E	D	C	B	A	J	I	H	G	F	E	D	C	B	A	J	I	H	G
4月	F	E	D	C	B	A	J	I	H	G	F	E	D	A	J	I	C	D	A	B	I	J	G	H	E	F	C	D	A	B	
5月	I	J	G	H	E	F	C	D	A	B	A	B	I	J	G	H	E	F	C	J	G	H	E	F	C	D	A	B	I	J	G
6月	H	E	F	C	D	D	C	B	A	J	I	H	G	F	E	D	C	B	A	J	I	H	G	F	C	B	A	J	I	H	
7月	G	F	E	D	C	B	A	J	I	H	G	F	E	D	C	J	I	H	A	J	I	H	G	F	E	D	C	B	A	J	I
8月	H	G	F	E	D	C	B	B	I	J	G	H	E	F	C	D	A	F	C	D	I	J	G	H	E	F	C	D	A	B	I
9月	J	G	H	E	F	C	D	B	A	J	I	H	G	F	E	D	C	B	A	J	I	H	G	F	E	D	C	B	A	J	
10月	I	H	G	F	E	D	C	B	A	J	I	H	G	F	E	D	I	H	G	G	H	E	F	C	D	A	B	I	J	G	H
11月	E	F	C	D	A	B	E	F	C	D	A	B	I	J	G	H	E	F	A	B	I	J	G	H	E	F	C	D	A	B	
12月	I	J	G	H	E	F	D	C	B	A	J	I	H	G	F	E	D	C	B	A	J	I	H	G	F	E	D	C	B	A	J

2007年

	1	2	3	4	5	6	7	8	9	10	11	12	13	14	15	16	17	18	19	20	21	22	23	24	25	26	27	28	29	30	31
1月	I	H	G	F	E	D	C	B	A	J	I	H	G	F	C	B	A	H	G	F	E	D	C	B	A	J	I	H	G	F	E
2月	D	C	B	B	I	J	G	H	E	F	A	B	I	J	G	H	E	D	A	B	I	J	G	H	E	F	C	D			
3月	A	B	I	J	G	G	F	E	D	C	B	A	J	I	F	E	D	C	B	A	J	I	H	G	F	E	D	C	B	A	
4月	A	J	I	H	G	F	E	D	C	B	A	J	I	F	E	D	J	G	F	E	D	C	B	A	J	I	H	G	H	E	
5月	F	C	D	A	B	I	J	G	H	E	H	E	F	C	D	A	B	I	J	C	D	A	B	I	J	G	H	E	F	C	D
6月	A	B	I	J	G	I	H	G	F	E	D	C	B	A	J	I	H	G	F	E	D	C	B	A	H	G	F	E	D	C	
7月	B	A	J	I	H	G	F	E	D	C	B	A	J	I	H	E	D	C	F	E	D	C	B	A	J	I	H	G	F	E	D
8月	C	B	A	J	I	H	G	E	F	C	D	A	B	I	J	G	H	I	J	G	F	C	D	A	B	I	J	G	H	E	F
9月	C	D	A	B	I	J	G	G	F	E	D	C	B	A	J	I	H	G	F	E	D	C	B	A	J	I	H	G	F	E	
10月	D	C	B	A	J	I	H	G	F	E	D	C	H	C	B	A	B	I	J	G	H	E	F	C	D	A					
11月	B	I	J	G	H	E	F	I	J	G	H	E	F	C	D	A	B	I	J	E	F	C	D	A	B	I	J	G	H	E	
12月	F	C	D	A	B	I	I	H	G	F	E	D	C	B	A	J	I	H	G	F	E	D	C	B	A	J	I	H	G	F	E

2008年

	1	2	3	4	5	6	7	8	9	10	11	12	13	14	15	16	17	18	19	20	21	22	23	24	25	26	27	28	29	30	31
1月	D	C	B	A	J	I	H	G	F	E	D	C	B	A	H	G	F	C	B	A	J	I	H	G	F	E	D	C	B	A	J
2月	I	H	G	E	F	C	D	A	B	I	H	E	F	C	D	A	B	G	H	E	F	C	D	A	B	I	J	G	H		
3月	E	F	C	D	B	A	J	I	H	G	F	E	D	C	B	A	J	I	H	G	F	E	D	C	B	A	J	I	H	G	F
4月	E	D	C	B	A	J	I	H	G	F	E	D	A	J	I	C	D	A	B	I	J	G	H	E	F	C	D	A	B	I	
5月	J	G	H	E	F	C	D	A	B	A	B	I	J	G	H	E	F	C	J	G	H	E	F	C	D	A	B	I	J	G	H
6月	E	F	C	D	A	J	I	H	G	F	E	D	C	B	A	J	I	H	G	F	E	D	C	B	A	J	I	H	G	F	
7月	F	E	D	C	B	A	J	I	H	G	F	E	D	C	B	I	H	G	J	I	H	G	F	E	D	C	B	A	J	I	H
8月	G	F	E	D	C	B	B	I	J	G	H	E	F	C	D	A	F	C	D	I	J	G	H	E	F	C	D	A	B	I	J
9月	G	H	E	F	C	D	B	A	J	I	H	G	F	E	D	C	B	A	J	I	H	G	F	E	D	C	B	A	J	I	
10月	H	G	F	E	D	C	B	A	J	I	H	G	F	E	D	C	H	G	F	H	E	F	C	D	A	B	I	J	G	H	E
11月	F	C	D	A	B	I	F	C	D	A	B	I	J	G	H	E	F	C	B	I	J	G	H	E	F	C	D	A	B	I	
12月	J	G	H	E	F	C	C	B	A	J	I	H	G	F	E	D	C	B	A	J	I	H	G	F	E	D	C	B	A	J	I

〈 生年月日計算表 〉

2003年

	1	2	3	4	5	6	7	8	9	10	11	12	13	14	15	16	17	18	19	20	21	22	23	24	25	26	27	28	29	30	31
1月	J	I	H	G	F	E	D	C	B	A	J	I	H	G	D	C	B	I	H	G	F	E	D	C	B	A	J	I	H	G	F
2月	E	D	C	A	B	I	J	G	H	E	D	A	B	I	J	G	H	C	D	A	B	I	J	G	H	E	F	C			
3月	D	A	B	I	J	H	G	F	E	D	C	B	A	J	I	H	G	F	E	D	C	B	A	J	I	H	G	F	E	D	C
4月	B	A	J	I	H	G	F	E	D	C	B	A	J	G	F	E	I	J	G	H	E	F	C	D	A	B	I	J	G	H	
5月	E	F	C	D	A	B	I	J	G	H	G	H	E	F	C	D	A	B	I	F	C	D	A	B	I	J	G	H	E	F	C
6月	D	A	B	I	J	J	I	H	G	F	E	D	C	B	A	J	I	H	G	F	E	D	C	B	I	H	G	F	E	D	
7月	C	B	A	J	I	H	G	F	E	D	C	B	A	J	I	F	E	D	G	F	E	D	C	B	A	J	I	H	G	F	E
8月	D	C	B	A	J	I	H	H	E	F	C	D	A	B	I	J	G	B	I	J	E	F	C	D	A	B	I	H	G	F	
9月	F	C	B	A	J	I	J	G	H	E	F	C	D	A	B	I	J	G	B	I	J	E	F	C	D	A	B	I	H	G	
10月	E	D	C	B	A	J	I	H	G	F	E	D	C	B	A	J	I	D	C	B	D	A	B	I	J	G	H	E	F	C	D
11月	A	B	I	J	G	H	E	B	I	J	G	H	E	F	C	D	A	B	I	H	E	F	C	D	A	B	I	J	G	H	
12月	E	F	C	D	A	B	J	I	H	G	F	E	D	C	B	A	J	I	H	G	F	E	D	C	B	A	J	I	H	G	F

2004年

	1	2	3	4	5	6	7	8	9	10	11	12	13	14	15	16	17	18	19	20	21	22	23	24	25	26	27	28	29	30	31
1月	E	D	C	B	A	J	I	H	G	F	E	D	C	B	I	H	G	D	C	B	A	J	I	H	G	F	E	D	C	B	A
2月	J	I	H	H	E	F	C	D	A	B	G	H	E	F	C	D	A	J	G	H	E	F	C	D	A	B	I	J	G		
3月	H	E	F	C	C	B	A	J	I	H	G	F	E	D	C	B	A	J	I	H	G	F	E	D	C	B	A	J	I	H	G
4月	F	E	D	C	B	A	J	I	H	G	F	E	B	A	J	F	C	D	A	J	I	G	H	E	F	C	D	A	B		
5月	I	J	G	H	E	F	C	D	A	D	A	B	I	J	G	H	E	F	I	J	G	H	E	F	C	D	A	B	I	J	G
6月	H	E	F	C	E	D	C	B	A	J	I	H	G	F	E	D	C	B	A	J	I	H	G	D	C	B	A	J	I	H	
7月	G	F	E	D	C	B	A	J	I	H	G	F	E	D	C	J	I	H	A	J	I	H	G	F	E	D	C	B	A	J	I
8月	H	G	F	E	D	C	A	B	J	I	H	G	F	E	D	C	D	E	F	C	B	I	J	G	H	E	F	C	D	A	B
9月	J	G	H	E	F	C	C	B	A	J	I	H	G	F	E	D	C	B	A	J	I	H	G	F	E	D	C	B	A	J	
10月	I	H	G	F	E	D	C	B	A	J	I	H	G	F	E	D	C	B	A	J	I	H	G	G	H	E	F	C	D	A	B	I	J	G	H
11月	E	F	C	D	A	B	E	F	C	D	A	B	I	J	G	H	E	F	A	B	I	J	G	H	E	F	C	D	A	B	
12月	I	J	G	H	E	F	C	D	C	B	A	J	I	H	G	F	E	D	C	B	A	J	I	H	G	F	E	D	C	B	A

2005年

	1	2	3	4	5	6	7	8	9	10	11	12	13	14	15	16	17	18	19	20	21	22	23	24	25	26	27	28	29	30	31
1月	I	H	G	F	E	D	C	B	A	J	I	H	G	D	C	B	I	H	G	F	E	D	C	B	A	J	I	H	G	F	E
2月	D	C	B	B	I	J	G	H	E	F	A	B	I	J	G	H	E	D	A	B	I	J	G	H	E	F	C	D			
3月	A	B	I	J	H	G	F	E	D	C	B	A	J	I	H	G	F	E	D	C	B	A	J	I	H	G	F	E	D	C	B
4月	A	J	I	H	G	F	E	D	C	B	A	J	I	F	E	D	J	G	H	E	F	C	D	A	B	I	J	G	H	E	
5月	F	C	D	A	B	I	J	G	H	G	H	E	F	C	D	A	B	I	F	C	D	A	B	I	J	G	H	E	F	C	D
6月	A	B	I	J	I	H	G	F	E	D	C	B	A	J	I	H	G	F	E	D	C	B	I	H	G	F	E	D	C		
7月	B	A	J	I	H	G	F	E	D	C	B	A	J	I	H	E	D	C	F	E	D	C	B	A	J	I	H	G	F	E	D
8月	C	B	A	J	I	H	H	E	F	C	D	A	B	I	J	G	B	I	J	G	E	F	C	D	A	B	I	J	G	H	E	F
9月	C	D	A	B	I	J	H	G	F	E	D	C	B	A	J	I	H	G	F	E	D	C	B	A	J	I	H	G	F	E	
10月	D	C	B	A	J	I	H	G	F	E	D	C	B	A	J	I	D	C	B	D	A	B	I	J	G	H	E	F	C	D	A
11月	B	I	J	G	H	E	B	I	J	G	H	E	F	C	D	A	B	I	H	E	F	C	D	A	B	I	J	G	H	E	
12月	F	C	D	A	B	I	I	H	G	F	E	D	C	B	A	J	I	H	G	F	E	D	C	B	A	J	I	H	G	F	E

著者略歴

天河りんご (あまかわ・りんご)

芸能界や政財界、中高生から高齢者まで、幅広い層に多くのクライアントを抱え、「天性の鑑定師」と呼ばれる人気占い師。幼い頃から高い霊力、サイキック能力を持つ。若かりし頃はマスコミで取材アナウンサーとして活躍。視える目を活用した取材力で周囲を驚かせた。この頃、本業の傍らで始めた占いが「怖いくらい的中する」と口コミで広まり、いつしか本職に。およそ26年にわたり、累計17万人を超える人々を鑑定。現在は、電話鑑定と対面鑑定（電話占い＆占いの館「ウィル」所属）で、圧倒的支持を得ている。裏打ちされた学問や哲学としての占いも習得し、東洋系の占術全般や気学、宿曜、易学、タロットなどから、人智を超えた宿命を割り出す。モットーは「運命は変えられる」。

天河りんごの運命石占い

2024年7月11日　初版第1刷発行

著　　者　天河りんご

発 行 者　出井貴完

発 行 所　SBクリエイティブ株式会社
　　　　　〒105-0001　東京都港区虎ノ門2-2-1

装丁・本文デザイン・DTP　原田恵都子 (Harada＋Harada)

Ｄ Ｔ Ｐ　株式会社キャップス

校　　正　株式会社鷗来堂

イラストレーション　キシャバユーコ

編集協力　福島結実子 (アイ・ティ・コム)

企画協力　遠山 怜 (penlight)

カバー背景　PIXTA

編　　集　美野晴代 (SBクリエイティブ)

印刷・製本　株式会社シナノパブリッシングプレス

本書をお読みになったご意見・ご感想を
下記URL、または左記QRコードよりお寄せください。

https://isbn2.sbcr.jp/21414/

毎日が輝く「お守り開運カード」

恋愛・結婚・人間関係・美容・健康運を高める

は切り取り線

ご自身を守り、幸運へと導く「運命石」。ネックレスやブレスレットなどの目立つアイテムを身につけるのが難しい方もいらっしゃるでしょう。毎日の持ち運びに便利な「お守り開運カード」をお贈りします。「恋愛・結婚・人間関係・美容・健康運を高める」面と「仕事・勉強・成功・魔除け・金運を高める」面があります。それぞれの運命石の効果を生かした最強の配列となっています。切り取って、お財布やバッグなどに入れたり、電子書籍の場合はダウンロード後に、効果を得たい面を携帯の待ち受けにしても良いでしょう。または、就寝前に枕元にカードを置いておくだけで、寝ている間にエネルギーをチャージすることもできます。自分の運命石は、あなたの長所をより強め、それ以外の運命石は弱い部分を補ってくれるでしょう。(※効果は、持つ人によって異なります)

毎日が輝く「お守り開運カード」

仕事・勉強・成功・魔除け・金運を高める

は切り取り線

（※効果は、持つ人によって異なります）